本书系浙江外国语学院博达科研提升专项计划

"中国日语学习者语体转换能力发展研究"（2025HQZZ2）研究成果

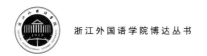

浙江外国语学院博达丛书

中国日语学习者
语体转换能力发展研究

中国語を母語とする日本語学習者のスピーチスタイル
に関する縦断的研究

田鸿儒 著

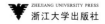

ZHEJIANG UNIVERSITY PRESS
浙江大学出版社

图书在版编目（CIP）数据

中国日语学习者语体转换能力发展研究 / 田鸿儒著. --
杭州 ：浙江大学出版社，2025. 6. -- ISBN 978-7-308
-26191-3

Ⅰ. H369.3

中国国家版本馆 CIP 数据核字第 2025V5P270 号

中国日语学习者语体转换能力发展研究

田鸿儒 著

责任编辑	黄静芬
责任校对	方艺潼
封面设计	项梦怡
出版发行	浙江大学出版社
	（杭州市天目山路 148 号　邮政编码 310007）
	（网址：http://www.zjupress.com）
排　　版	杭州朝曦图文设计有限公司
印　　刷	杭州钱江彩色印务有限公司
开　　本	710mm×1000mm　1/16
印　　张	11
字　　数	180 千
版 印 次	2025 年 6 月第 1 版　2025 年 6 月第 1 次印刷
书　　号	ISBN 978-7-308-26191-3
定　　价	58.00 元

目　录

第一章　绪　论

第一节　研究背景

国际交流基金(2023)调查显示,我国日语学习者人数将近106万人,是除了日本以外,世界上唯一一个日语学习者人数超过100万人的国家。其中,高等教育机构的日语学习者人数超过55万人,占我国日语学习者人数的53%。高等教育机构的日语学习者包括以下三类:日语专业学习者,非日语专业学习者(二外日语、大学日语、辅修日语等),社团等课外活动的日语学习者。其中,日语专业学生人数约为18万人,非日语专业学生人数超过32万人。鉴于如此庞大的学习群体,探讨其学习过程与习得规律具有重要现实意义。

对于以汉语为母语的日语学习者(以下略称学习者)来说,因为日语和汉语同属汉字圈,所以其在单词记忆和阅读理解方面相对比较容易掌握。但是,日语中也有不少让学习者怀有畏难情绪的学习项目,如助词"は"和"が"、"で"和"に"的近似性,敬语的复杂性,以及敬体和简体的区别使用。尤其是现代汉语中不存在日语那般完整复杂的敬语体系,因此学习者想要正确理解敬体和简体、狭义敬语(尊他语、自谦语等)和普通语的区别,并在此基础上根据交际场景与交际对象恰当地选择语言形式,是一件非常困难的事情。笔者在大学期间经历的一次失败的跨文化交际体验多少能反映此问题。

那是发生在大学三年级的事情。有一天,我去留学生中心的食堂吃饭时,恰巧听到日语的说话声,环顾四周,发现是两位60岁左右的男性在一边

用餐一边用日语聊天。对于平时用日语交流的机会极其匮乏的日语专业学生来说,这是锻炼口语的大好机会,于是我凑上前去用日语搭话。在互相做完简单的自我介绍后,三人用日语聊了一会儿。突然,其中一位日本人对另一位说:"她可真没礼貌,怎么可以用简体和我们说话呢?"另一位回复:"还是学生,没办法。"接着,说我没礼貌的那一位转过身来问我:"你几年级了?"我回答:"三年级。"话音刚落,他对一旁的人说:"都三年级了,应该会用敬体了吧。"眼前发生的这一幕,让我意识到自己的言行是多么粗鲁、无礼,我羞愧难当,恨不得挖个地洞钻进去。发生这件事时,恰逢笔者摆脱单一的敬体、逐渐习惯简体的阶段。在此事件发生之前,笔者还为自己终于摆脱"敬体一本槍"(毋育新,2013)而感到沾沾自喜,觉得自己终于可以像日本人那样谈笑风生了。可以想象,这个事件对当时的笔者打击有多大。

从上述事例可以看出,交际行为不仅传递信息与思想,还传达礼貌、郑重、共情、好感等情感与态度,文化人类学家Malinowski(1923)将交际的这一方面命名为"交感的语言使用"(phatic communion)。日语属于典型的"标示型敬语"(ダイクシス型敬语),语言的情感、态度表达功能更为明显。标示型敬语是指礼貌语义功能的直指性质,即将上下、亲疏等人际关系以特定的形式直接符号化(彭国跃,2000)。例如,敬体指示语言主体(说话人与听话人)之间的人际关系,而尊他语和自谦语指示语言素材(说话人与话题人物)之间的人际关系。因此,我们一旦开口说日语,就面临敬体和简体的选择问题,并且可以通过语体选择透视交际者间的人际关系。

和日语不同,汉语敬语属于"隐喻型敬语"(メタファー型敬语),即礼貌语义功能的非直指性质:通过语言的概念性意义,隐喻性地表达人际关系(彭国跃,2000)。而且,出于社会环境的变化、儒家教育体系的淡化、语言行为价值观的变化等原因,很大一部分汉语敬语在20世纪上半叶退出了历史舞台。对中国日语学习者而言,由于母语中不存在类似日语的敬语体系,因此要正确理解礼貌语、尊他语、自谦语的标示性意义并掌握它们,并非易事。

日语学界与教育界认为,对学习者而言,根据交际场景、交际对象等语境因素选择适切的敬语,是最难掌握的学习项目之一(ネウストプニー,1982)。在涉及人际关系的语言行为方面,ネウストプニー(1982:107)指出学习者容易犯如下错误:

就敬语使用来看,外国人容易走两个极端:一个是完全不会用"で

す・ます体",见谁都只会说"いくよ""いくの",不会使用"いらっしゃいます""お帰りになります"等尊他语;另一个极端是明显过度使用敬语,即使是亲密关系,也一直使用"いらっしゃいますか"等敬语。

ネウストプニー(1982)一针见血地指出了语体选择为日语学习难点之一。但是,语体的区分使用问题在课堂教学中并没有引起足够的重视,也缺乏具体的指导。就笔者的情况而言,教师在导入简体的时候,只是简单地提及了一下语体的区分使用规则:敬体的使用对象是长辈或初次见面的人,对晚辈或亲近的人则使用简体。关于语体的语用含义和选择方法,既没有具体说明,也缺乏相应练习。

笔者从中国的大学毕业后赴日本留学,在硕士阶段的研讨课上第一次接触到语体研究领域,通过文献研读与课堂研讨,逐渐认识到日语母语者(以下略称母语者)是如何巧妙地管理语体选择的。正因为自身在大学时期经历了失败的跨文化交际,笔者对该研究领域特别感兴趣,并决定投身于中介语的语体研究。

第二节 研究问题

一、研究问题

如上文所述,在日语中存在着一个特殊的语法范畴——语体。语体是用词(用言)句尾形式简体(常体、普通体)与敬体(敬体、丁宁体)的对立,不同的语体具有不同的语用含义(孟庆利,2015)。在对话中,说话人须根据场景、对话者等因素灵活选择语体。毫不夸张地说,只要使用日语进行交际,首先就会遇到语体问题。对日语学习者而言,正确理解、选择语体是完美进行跨文化交际不可缺少的重要语用能力之一,但研究表明,根据语境恰当选择语体也是学习者最难掌握的学习项目之一。简言之,语体是日语的显著特点,同时也是日语教学中不可回避的首要的、必须解决好的问题。

有关语体的现有研究,主要可归纳为以下三类。

(1)以日语母语者为调查对象的话语分析研究:描述母语者的语体选择状况、解释影响语体选择的多维因素及语体转换的语用功能等。

（2）以日语学习者为调查对象的横向研究：采用横截面设计，对比分析学习者和母语者在语体选择及语体转换方面的异同点等。

（3）以日语学习者为调查对象的纵向研究：采用个案追踪调查设计，动态把握学习者的语体习得过程，探讨语体发展规律等。

已有研究集中在第（1）类和第（2）类，据笔者所知，第（3）类只有一项以在日韩国留学生为调查对象的研究。

有关中国日语学习者的语体研究，其研究对象集中在二语习得（Japanese as a second language，简称JSL）环境中的留学生，研究方法主要是通过收集、分析学习者和母语者间的自然对话，探明学习者在语体选择上的特征及存在的问题。而以外语学习（Japanese as a foreign language，简称JFL）环境中的学习者为调查对象的实证研究处于滞后状态。另外，现有语体研究多为横向研究，以考察学习者的习得规律为目的的纵向研究极度匮乏，有待探索。

基于以上研究背景，本研究致力于探索中国日语学习者的语体习得过程与发展机制。具体要解决以下问题：

（1）日语专业高年级学生的语体选择与语体转换现状如何？

（2）影响学习者语体选择与语体转换的因素有哪些？

（3）日语专业高年级学生的语体选择与语体转换在一年时间里是否有发展？

（4）影响学习者语体选择与语体转换发展的因素有哪些？

二、研究意义

尽管语体转换能力是重要的社会语言能力之一，但其习得机制却仍不是十分清楚。[1]因此，本研究同时开展横向调查与纵向调查，通过收集学习者的自然口语产出，加之关于日语接触环境和语言使用意识的深度访谈，在如实记录学习者语体产出的基础上，多层面、多视角地考察语体习得过程与发展规律。

本研究将高级日语学习者作为调查对象，理由如下：比起初中级学习

---

① ネウストプニー（1995）将学习者的互动能力分为语言能力、社会语言能力和社会文化能力。Canale 和 Swain（1980）将学习者须掌握的交际能力分为语法能力、社会语言能力和策略能力。语体转换能力属于社会语言能力之一。

者,高级学习者的语言能力较强,正因为如此,人们往往对其社会语言能力——语言使用适切性的要求也会更高。因此,对于直接指示人际关系的语体,如果选择不当,高级日语学习者所承担的人际风险就会比初中级学习者大。出于以上原因,笔者认为探明高级日语学习者语体发展规律更为紧迫。本研究得出的结论,经过扩充数据、反复验证后,有望应用于日语教学中,特别是对语体选择、礼貌表达方面的指导。

第三节　各章概要

本研究探讨我国高等教育机构日语专业学习者的语体发展问题,各章的概要如下。

第一章介绍研究背景与研究问题。阐述本研究的社会背景、学界现状与研究问题,阐明研究目的和意义。

第二章概述与本研究相关的重要概念和理论。主要围绕语言变异与日语语体这两个研究领域进行介绍,最后阐述本研究的理论框架与研究定位。

第三章介绍研究方法,对调查对象选取、数据收集及分析的方法展开说明。数据包括自然对话、深度访谈及口语水平测试等。分析方法主要为量化分析和话语分析。

第四章论述8名日语专业三年级学习者语体选择的分析结果。研究发现,学习者整体上语体意识淡薄,语体知识欠缺,语体中介语特征明显。

第五章探讨3名"3+1"赴日留学生的语体发展问题。笔者通过一年的调查研究发现,学习者的语体发展受多重因素的交互影响,发展轨迹表现出显著的个体差异性。

第六章把目光转向语级语体,分析考察狭义敬语、关西方言和姓名称呼语。其中,前两项从认知负担、第三项从母语迁移的视角展开讨论。

第七章聚焦语体转换问题,主要探讨中介语特征明显的"+φ"简体句。"+φ"指的是没有附加"です"的简体名词谓语句、形容词谓语句等。

第八章对研究结果进行综合考察并得出结论。在总结调查结果的基础上尝试对语体发展机制进行质性建模。最后阐述本研究的启示、存在的问题点及今后的研究方向等。

第二章　文献综述

关于句末语体(敬体、简体)的区分使用及词汇(敬语、方言等)的选择问题,现有研究从两个不同的视角展开探讨:一是起源于欧美社会语言学的语言变异研究,其出发点与目的是评价语言的多样性;另一个是日本本土的语体研究,其目的是在具体话语语境中分析日语的敬语使用问题。本章介绍以上两个领域的主要相关研究,并对其历史发展分别进行梳理,阐述本研究的定位。

第一节　语言变异

一、语言变异

自然语言中存在变项(variable),而变项具有两三个变体(variant)。参照エリス(1996)的定义,变项是指通过两种及以上的方式实现语言学上的特征,包括音韵、词汇、语法等;而变体是指变项赖以实现的语言学手段。例如,在英语母语者的话语中,连词be是变项,而它存在两个变体,即完整形和缩约形。变异(variation)是指"具有指示同一性(referential sameness)的一组语言变体,即语义上同义的复数语言变体的集合"(渋谷勝己,2007:8)。渋谷勝己(2007)对变异现象进行了整理归类。广义上的变异是指"存在于语言社群中的,因说话人、场景等不同而产生的语言多样性"(渋谷勝己,2007:7)。变异的研究对象可分为:(1)语言变异;(2)语言行为;(3)社会指标性语言形式;(4)社会指标性语言行为。其中,(1)和(2)关注语义、功能相同的复数语言形式,而(3)和(4)关注具有代表性的某一语言形式。此外,(1)和(3)

聚焦语音、词汇层面,而(2)和(4)聚焦话语层面。社会语言学领域中的变异一般指的是(1)。

在以美国为中心的欧美社会语言学研究领域中,语言变异研究从20世纪60年代开始盛行,其背景主要有以下几点(涩谷胜己,1992):

(1)在积极评价语言多样性的同时,探索黑人英语与洋泾浜语、克里奥尔语的规律。

(2)从被学界视为毫无秩序、无从研究的大都市语言中发现规律。

(3)通过观察现在正在发生的变化,了解语言变化的机制。

Labov(1972)将变异分为"话者间变异"(social variation)和"话者内变异"(stylistic variation)。话者间变异是指由说话人的出生地、年龄、社会阶层等属性引起的语言差异,研究焦点为不同社会群体的语言多样性,典型的研究对象有社会方言、地方方言等。Labov(1966)以纽约市三家面向不同顾客层的百货店为调查对象,比较分析了工作人员的/r/的发音情况,如fourth、floor。该研究属于关注社会阶层的变异研究。

涩谷胜己(2007:9)梳理了引起话者间变异的诸因素,如表2-1所示。

表2-1　话者间变异的主要影响因素

说话人的自然属性	说话人的社会属性	说话人的心理属性
出生地、性别、年龄等	所属阶层、集团、语群等	自我身份认同、性格等

而话者内变异是指说话人根据听话人、话题等场景因素区分使用语言的现象,也称"语体"(style)。

本研究在对比分析不同学习者的语体选择时,会从话者间变异的视角进行阐述,但通篇主要关注学习者如何根据交际场景区分使用语体,即话者内变异。

二、欧美学界的语体研究

上述Labov(1966)的研究,除了调查社会阶层对语言行为的影响外,还考察了说话人对自身语言的注意力(attention)如何影响语体。比如,调查员以顾客的身份询问售货员:"Excuse me, where are the women's shoes?"售货员回答:"Fourth floor."此时,调查员故意装作没听清楚,反问道:"Excuse me?"售货员则会以强调发音的方式认真回答:"Fourth floor."通过此调查方

法,研究者可以诱发同一说话人的随意体(casual style)和正式体(careful style)。比较两种语境中/r/的使用情况可以发现:无论哪个商场的工作人员都在正式体中使用更多的/r/。根据这一调查结果,Labov(1966)得出以下结论:对自身话语的不同注意程度会引发语体转换(style shifting)。Labov (1970)尝试通过随意体、正式体、读词表等需要不同注意程度的任务来收集说话人的各种语体。分析结果显示,谨慎语体中的发音更具社会权威性。通过一系列的研究,Labov(1966,1970)证实了母语者对自身语言的注意程度和语言变体之间的相关性。Dickerson(1975)使用Labov(1966,1970)的研究手法对学习者的语体展开了调查,发现学习者在朗读单词表时,目标语/z/的发音准确率最高。此研究证明了注意力与中介语变异之间的关联性。

接下来介绍社会心理学家霍华德·贾尔斯(Howard Giles)的言语调节理论(speech accommodation theory)。言语调节理论关注听话人的重要性,揭晓了听话人对语体选择的影响。言语调节理论包括趋同(convergence)和趋异(divergence)两个方面。趋同是一种强调与对方相似性的策略,指说话人调节自身的说话方式,使之更加接近听话人。趋异则刚好相反,为了突出与对方的差异性,说话人调节自身的说话方式,使之远离听话人。Thakerar、Giles和Cheshire(1982)对英国不同社会阶层的护士间的对话进行研究后发现,较高阶层的护士使用非标准语言变体的语音,从而向较低阶层护士的说话方式靠拢。エリス(1996)指出,二语习得者同样会根据听话人来调整自身的语体。

Ellis(1987)从心理语言学的视角探讨了影响语体选择的因素。Ellis (1987)向17名英语学习者布置了三个任务:有准备的写作、有准备的演讲、即兴演讲(planned writing、planned speech、unplanned speech);比较了三个任务中出现的三类过去式——规则动词的过去式、不规则动词的过去式、系动词的过去式(regular past、irregular past、past copular)的准确率。结果发现,准确率按照有准备的写作、有准备的演讲、即兴演讲的顺序依次降低。换言之,准确率与话语的计划程度即准备时间成正比。

以上研究的共同点为,从社会因素、心理因素等语言之外的因素中寻求引起语体转换的原因。与此不同的是,Labov(1969)揭示了语言语境对语体的影响。①黑人英语中be动词的变体(完整形、省略形、零形)受到语言语境因素的影响(Labov,1969)。例如,零形最常出现在前一个词以元音结尾或后接"gonna"时,而最少出现在前一个词以辅音结尾并后接名词句时。从上述研究结果可知,在某种特定的语言环境中,说话人往往更容易选择其中某一种语言变体。可以说,语言因素是决定语体转换的重要原因之一。之后出现的一系列研究(如Dickerson,1975;Wolfram,1989)也表明,二语在音韵、形态和句法上受到语言语境的影响(エリス,1996)。

以上概述了欧美学界的部分语体研究,梳理了影响语体转换的诸因素。始于欧美的语言变异研究在日本也掀起了一股研究热潮,以下述评以日语为研究对象的语体转换研究。

三、日本学界的语体研究

大阪大学研究生院文学研究科社会语言学研究室的语体转换项目(以下简称SS项目),可以说是日本具有代表性的语体研究(渋谷勝己,2002)。SS项目由两部分组成:一是以记载日语方言话者的语体转换为目的的研究——方言SS项目;二是以记录日语中介语②话者的语体转换为目的的研究——中介语SS项目。

其中,方言SS项目在青森、东京、大阪等10个地方实施。研究方法为,招募1名土生土长的60多岁的老人和1名20多岁的年轻人作为研究对象,收录正式的对话和非正式的对话。正式的对话为研究对象与外地人之间的初次见面对话,非正式的对话为研究对象与本地朋友之间的对话。

中介语SS项目则以4名中级日语学习者为调查对象,学习者的国籍分别为韩国、美国、中国和泰国。每位学习者收录4组对话,正式的对话者和非正式的对话者各2组。正式对话的对话者分别为初次见面的日语母语者(〈对NS疏〉)③和非日语母语者(〈对NNS疏〉)。非正式对话的对话者为关

---

① 渋谷勝己(2007)将社会因素、心理因素归类为"非语言因素"(言語外的要因),将语言语境命名为"语言因素"(言語内的要因)。

② "中介语"是指学习者特有的语言体系,它既不同于目标语,也不同于母语(Selinker,1972)。

③ 本研究参考日语会话研究中使用"二重山括弧"(即《　》)强调对话者关系的用法,借用单书名号以示强调。

系亲密的日语母语者（〈对NS亲〉）和非日语母语者（〈对NNS亲〉）。之所以同时安排日语母语者和非日语母语者与学习者对话，是因为学习者和两者对话时有可能采取不同的语言行为。

为了从整体上把握说话人的语体转换情况，两个SS项目均对各种各样的语言项目进行了分析，涉及句末语体、词汇、语法等多个方面。其中，词汇包括自称词、他称词、亲属名称、接续词/接续助词、终助词等，语法包括ガ格、ヲ格、方向格等。

SS项目的系列研究成果有：松丸真大・辻加代子（2002）、高木千惠（2002）等对日语方言话者的语体转换进行了考察；樋下绫（2002）、李吉镕（2002）、橋本贵子（2002）和永见昌纪（2003）等整理了日语中介语话者的语体转换情况。此外，聚焦某一语言项目进行分析的有：李吉镕（2003）、李吉镕（2004）、橋本贵子（2004）。分析对象分别为句末语体，原因、理由表达，接续词，接续助词。下面围绕与本研究相关度较高的中介语话者的语体转换情况进行介绍。

樋下绫（2002）对1名中国日语学习者的语体转换进行了考察。作为研究对象的学习者的具体情况如下：29岁，男，硕士二年级，日语学习经历为日语学校（日本語学校）2年和大学2年。分析的语言项目包括：自称词、对称词、敬体、表原因理由的接续词与接续助词、表转折的接续词与接续助词、终助词、引用表达、方言"や"等。分析结果显示：（1）就整体趋势而言，比起年龄因素，亲疏关系是引起语体转换的首要因素。（2）关于句末语体，除〈对NNS亲〉中出现少量"です形"外，没有观察到敬体和简体之间的转换。（3）随着对话的推移，"ます形"逐渐减少，而"です形"没什么变化。因此，研究者推测，作为礼貌表达形式，学习者对"ます形"的注意程度要大于"です形"。（4）在过去式的表达中，敬体使用数量极少。研究者由此推测，在过去式中，敬体和非敬体间的转换，并非由礼貌程度决定；实际情况是，敬体易出现在某些词汇、时态中，还是一种语言定式（樋下绫，2002:117）。

李吉镕（2002）考察了1名韩国日语学习者的语体转换情况。作为研究对象的学习者的具体情况如下：24岁，男，专科学校学生，日语学习经历为韩国7年和日本1—2个月。分析的语言项目包括：自称词、对称词、亲属称呼、表原因理由的接续词与接续助词、表转折的接续词与接续助词、敬体、终助词、间投助词、应答词、助词省略、缩约形与融合形等。学习者的语体转换特征可以归纳为以下几点：（1）一部分语体转换的影响因素是场景的郑重程

度,以及话者间因相对年龄而产生的上下关系等社会因素,如对称词、敬体、应答词;另一部分语体转换则是由语言因素引起的,如终助词①。(2)学习者比较容易注意到对称词、敬体、应答词等听者指向性较高的语言项目。其中,敬体和简体最容易被视为语体转换的对象。语体转换主要是"ます类""です类"和"体言中止、用言中止、中途结束"等简体句之间的转换。(3)受语言因素与母语社会语言学规则的迁移的影响,学习者的语体转换具有明显的中介语特征。例如,受语言因素的影响,"です体"的使用率比"ます体"高得多。由于"ます体"的活用变形比"です体"复杂得多,学习者往往用"の(ん)です"来代替"ます"。例如,比较"ありませんでした"和"なかったんです"这两种表达形式:"ありませんでした"需要经过"ない→ある→あります→ありません→ありませんでした"这5个阶段的变形加工;而"なかったんです"只经历"ない→なかった→なかったんです"这3个阶段。所以说,语言因素是学习者多用"です体"和"の(ん)です"句型的原因所在。此外,母语中的社会语言学规则的迁移体现在对话者的年龄对学习者的语体转换的影响上。在〈对NS亲〉的谈话中,学习者通过将"の(ん)です"机械地转换为"の(ん)だ"的方式,极力回避敬体的使用。这是由于对话者的年龄比学习者小3岁,而按照韩国的文化规范,对年龄小于自己的人不能使用敬体。社会语言学规则的母语迁移现象,同样出现在〈对NNS亲〉中:由于对话者比自己年长两岁,学习者使用较多的敬体。

橋本貴子(2002)考察了1名美国日语学习者的语体转换情况。研究对象的学习者的具体情况如下:23岁,男,本科二年级学生,日语学习经历为美国1年和日本10个月。分析的语言项目包括:自称词、对称词、亲属称呼、表原因理由的接续词与接续助词、表转折的接续词与接续助词、强调表达、敬体、应答词与附和词、否定条件的缩约形、其他缩约形、格助词、间投助词、终助词、方言、"ません"与"ないです"、"のだ"、素材敬语、"では"与"じゃ"等。研究结果显示:学习者主要根据亲疏关系进行语体转换。表现一为,〈对亲〉(包括〈对NS亲〉和〈对NNS亲〉)中接续词的使用较多,而〈对疏〉(包括〈对NS疏〉和〈对NNS疏〉)中接续助词的使用较多。这是因为在两个会话场景

---

① 敬体句中容易出现终助词,而简体句中终助词的使用较少,此现象可归因为:对于调查对象而言,敬体属于非标记性(unmarked)变体,因此有更多富余的认知资源用于考虑终助词的使用。

中,学习者对自身语言使用的监控(monitor)程度有所不同。在〈对疏〉中,引子(前置き)多,句子长;而在〈对亲〉中,短句较多,接续词的出现频度较高。表现二为句末语体转换:〈对亲〉中使用简体;〈对疏〉中则主要使用敬体,简体使用率仅为8.9%。研究指出,与母语者较为平缓的方式相比,学习者根据会话场景明确地实施语体转换。

永見昌紀(2003)考察了1名泰国日语学习者的语体转换情况。作为研究对象的学习者的具体情况如下:20岁,男,本科三年级学生,日语学习经历为泰国4年和日本半年。分析的语言项目包括:自称词、对称词、敬体、表转折的接续词与接续助词、应答词与附和词、再次询问(聞き返し)与使用英语等语言行为。分析结果显示:影响语体转换的因素有对话者是否为母语者的社会属性、语言调节、监控程度等。(1)关于对称词的转换,学习者在〈对NNS亲〉中使用"おまえ",在其他场景中使用"姓+さん"。可见,除亲疏关系外,对话者的社会属性(NS/NNS)也对转换形成影响。(2)关于自称词的转换,其他场景都使用"ぼく",只有在〈对NNS亲〉中,学习者进行语言调节,采用趋同策略,使用了"おれ"。(3)关于句末语体,〈对亲〉中只出现简体,〈对疏〉中则敬体多于简体,此结果表明学习者有意识地进行句末语体转换。在〈对疏〉中可以观察到,学习者说完简体后马上进行自我修正,如"思う→思います"。可见,学习者在〈对疏〉中启动监控,意识到在此场景中应该使用敬体。但是,学习者并不能一直关注并监控语言形式,它受话语的长度及出现的位置等语境因素的影响。另外,学习者在动词谓语句中没有使用"ます体",只使用了加工较为简单的"んです",此分析结果与韩国学习者的研究结果(李吉镕,2002)一致。

以上是对"中介语SS项目"的主要研究结果的概括。总的来说,这些论文所考察的语言项目较多,而且不仅从数量上分析了语体转换的实际情况,还从社会因素、心理因素等非语言因素及语言因素两个层面探讨了语体转换的原因。其次,在分析句末语体时,这些论文将敬体细分为"ます体"和"です体",将简体细分为"体言中止"和"用言中止",从而更加细致地解析了语体转换的习得规律。基于以上两点,可以说"SS项目"对日语语体的研究,特别是在方法论方面,给予了重要启示。但是,这些论文在调查方法上也存在局限性。首先,由于每个国家的研究对象仅为一名,因此在对分析结果进行解释时,很难判断是学习者的个体特征,还是共性问题。另外,研究者收集语料时,虽然将对话者的年龄统一为20多岁,但因为学习者和对话者之间存在几岁的年龄差异,所以无法确保严格意义上的同等关系。因年龄差产生的上下关系会对调查对象的语体转换形成影响,但是研究者在分析考察时却只考虑了亲疏关系及对话者是否为母语者这两个社会因素。最后,这些研究无一例外地将目光投向了说话人面对不同交际对象时的语体转换问题,但未能分析同一会话内的语体转换情况。

以上就日语语体研究中堪称先驱的"SS项目"进行了梳理和评述。下面再介绍两项富有启发性的中介语语体研究。

李吉镕(2005)以4名韩国日语学习者为研究对象,纵向追踪调查语体转换的发展状况,探究语体转换能力的发展规律。研究的关注点为:学习者在习得语体转换时使用哪些方法,借助什么手段,其中母语与目标语分别扮演什么角色。为全面把握学习者的语体转换情况,该研究尽可能多地分析各种语言项目,包括句末语体、语法、词汇、音韵等。为收集学习者的正式体和随意体,调查设置了两个场景:一个是与初次见面的日语母语者交谈;另一个则是与关系亲密的日本朋友交谈。①研究结果表明,学习者在不同社交场合间的语体转换能力经历了三个发展阶段:"学习语言复制期""独特体系构建期""目标语体系期"。此外,学习者掌握语体转换能力的方法与手段包括:母语、目标语及习得转换能力的强烈动机。关于学习者语体转换能力的发展规律,研究者得出了如下结论:学习者以母语的社会语言规范为基础,利用母语的认知体系与规则,以及目标语规则,一边建构自身的中介语体系,一边习得语体转换能力。关于以上调查结果,寺尾绫(2010:136)指出,因为韩语的敬语系统与日语非常相似,所以韩国日语学习者容易发生正迁移(positive transfer)②,无论他们是否具有日本留学经历,都能较好地掌握礼貌表达与非礼貌表达之间的转换。

接下来介绍寺尾绫(2010)的研究。该研究以中国初中级日语学习者为调查对象,纵向探讨学习者在两个不同交际场合间如何转换句末语体。两个交际场合的对话者分别为教师和朋友。调查结果显示,母语者根据交际场合进行语体转换,但学习者的情况有所不同,受到若干与礼貌意识、礼貌规范无关的因素的影响。这些影响表现为:(1)学习者把一些语言表达形式

---

① 前者指说话人有意识地关注并监控自己讲话时使用的语言形式,而后者指说话人轻松自然地与对方交际时所使用的语言形式(杨连瑞、张德禄等,2007)。

② "正迁移"是指母语与目标语的相同之处会促进第二语习得。

视为一个整体(chunk,语块);(2)把"非ます形"视作引用句或从句等句节的标记(マーカー);(3)否定句中一般使用"非です·ます形"。这些语言因素对学习者的语体转换形成很大的影响,甚至超过了人际关系的影响。出于上述原因,学习者在两个交际场合间的语体转换不如母语者明显。此分析结果具有重要启示意义:我们在研究语体时,特别是中介语语体,仅仅关注社会因素(亲疏、上下关系等)和心理因素(注意力、计划性等)是欠妥当的,还应该考虑语言因素,以及这些因素之间的相互作用。

四、小 结

以上主要围绕中介语,对具有代表性的语体研究进行了梳理。李吉镕(2005:3)对比欧美和日本的语体研究后,指出两者的不同为:欧美关于音韵的研究较多,对形态、句法的关注较少,而日本的研究则集中在词素、词汇上,如礼貌形式与普通形式、原因理由表达等。即,参与语体转换的语言项目会因语言不同而不同。

虽然语体转换的分析项目会因语言的不同而不同,但其影响因素却被认为是普遍的、共通的。笔者参考渋谷勝己(2002,2007)的研究成果,将影响语体转换的各种因素整理成表2-2。

表2-2 影响语体转换的各种因素

非语言因素	社会因素	谈话对象	言语调节	Beebe,Giles (1984)	根据听话人的说话方式,调整自身的语言使用
			听众设计	Bell(1984)	考虑到在场的第三者或想象中的听众,调整自身的语言使用
			礼貌理论	Brown & Levinson (1987)	考虑话者间的人际关系及言语行为的性质,调整自身的语言使用
		社会规范	文化规约①	井出祥子 (2006)	按照文化规约、固定的程序、范式、行为模式,使用语言; 重要的不是策略,而是规约
			活动领域②	Fishman (1972)	领域(domain)由听话人(address)、场景(setting)、话题(topic)组成,每个领域的语言使用具有稳定的特征
	心理因素		注意程度	Labov (1966)	说话人的语体按其对话语注意程度的不同呈连续体分布; 分为事先调整和事中调整

续表

非语言因素	心理因素	言语计划	Ochs(1979)	时间因素对语言表达(正确度、复杂度、流利度)形成影响; 属于事先调整,实验变量为计划时间
		背景知识	Whyte (1995)	对于熟悉的话题、熟知的内容,语言表达较为流利; 类似概念:惯用表达、语块
语言因素			Matsuda (1993)	语言内部的规则、规律对语言表达造成影响

注:①原文中使用的表达为"わきまえ",笔者译。
　　②原文中使用的表达为"ドメイン"(domain),笔者译。

杨连瑞、张德禄等(2007:332-333)在全面介绍和评析中介语变异研究后提出:影响学习者中介语变异的因素是多种多样的,而以往的研究模式(拉波夫范式、言语调节理论、言语计划模型等)基本上只侧重这些因素中的某一个或几个,目前还没有哪一项研究全面调查了所有的情景因素(即同时考虑场景和参与者)。总的说来,考察中介语系统变异的研究模式都还具有一定的局限性。因此,我们在进行研究时,不能片面地推崇某一个模式,贬低其他模式,而应该考虑这些现有模式的优点和缺点,并加以改进,进行合理的中介语变异研究设计。一个全面的中介语变异研究设计应该充分考虑到目前已经发现的能引起中介语变异的各种因素(语言环境、心理过程、社会因素、语言功能等)的存在,以及这些因素在特定的语言产出情况下可能会发生的相互作用。

第二节　日语语体

本节对日语语体(スピーチレベル)的相关研究进行梳理。在简单回顾语体研究的起源与发展后,笔者试图从研究对象、定义及术语等方面出发,厘清语体概念。然后,笔者将按照研究对象的语言背景(日语母语者与非母语者),整理、介绍现有研究。

一、语　体

关于敬语和礼貌问题,日语国语学有着丰富的研究积累。[①]这些研究主要从语法特征和语言规范的视角,通过问卷的方式,调查人们的敬语使用意识。此外,以 Ikuta(1983)、生田少子·井出祥子(1983)为开端的语体研究是基于社会语言学发展而来的。语体研究着眼于人们在实际谈话中如何使用敬语,并通过话语分析的手法发现了语体的两种语用功能:一是调节心理距离;二是作为话语标识。继生田少子·井出祥子(1983)之后,出现了一批以三牧陽子(1989,1993,1994,1996,1997,2000,2001,2002)、宇佐美まゆみ(1995)等为代表的语体研究。这些富有开创性的研究极大地推动了语体研究领域的发展与壮大。

但是,语体研究也存在不容忽视的问题:研究者间使用的术语及分析的语言项目存在分歧。以下对现有主要研究的分析对象及术语进行整理。

关于分析对象,几乎所有研究都涉及句末语体,即敬体和简体。更确切地说,大多数研究仅分析句末语体,即"语体＝句末语体"。除了将句末语体分为"敬体"和"简体"外,还有研究将终助词也纳入分析对象,对语体进行细化分类(三牧陽子,1989;伊集院郁子,2004;等等)。三牧陽子(1989,1993,2001,等等)质疑了语体研究只关注句末语体这一研究范式。"まあ、ご自分でそういうふうにおっしゃってんだけど。""まあ、自分でそういうふうに言ってんだけど。""まあ、てめえでそういうふうに言ってんだけど。"在这3个话语句中,第1句使用了狭义敬语,第2句使用了普通语,最后1句则使用了轻卑语,但是,如果只关注句末语体的话,3句话都显示为简体。因此,不考虑词汇层面的语级语体、将3句话视为同一语体的判断是欠妥当的。我们在讨论语体时,除句末语体外,还须将语级语体纳入分析范围(三牧陽子,1989)。一般而言,语级语体的分析对象仅包含尊他语、自谦语等狭义敬语,但三牧陽子(2001)指出,方言、俗语、缩约形、口语形等语言形式也可纳入分析对象。

简言之,语体研究的分析对象没有在研究者间形成统一认识,大致可分为两类:一类只关注句末语体,另一类同时包含语级语体。为更全面地阐明学习者语体选择的现状与发展情况,本研究将从句末语体和语级语体(敬

---

① 关于敬语和礼貌的研究,日语表述为"待遇研究"。

语、方言、称呼语)两个层面展开分析。

接下来对相关术语进行整理,表2-3列举了具有代表性的术语。从表2-3中可以看出,语体研究领域存在术语不统一的现象。

表2-3　语体研究相关术语

研究者	术语	
	语体	语体转换
生田少子·井出祥子(1983)	敬語レベル	敬語レベルのシフト
三牧陽子(1989)	待遇レベル	待遇レベル・シフト
宇佐美まゆみ(1995)	スピーチレベル	スピーチレベル・シフト
伊集院郁子(2004)	スピーチスタイル	スピーチスタイル・シフト

尽管术语在研究者之间存在分歧,但近年来"スピーチレベル"的认知度越来越高,其他术语有逐渐向这个术语收拢的趋势。"スピーチレベル"是"speech level"(Ikuta,1983:37)的片假名标记,最早出现在宇佐美まゆみ(1995)中。在三牧陽子的系列研究论文中,一开始使用的是"待遇レベル",后改为"スピーチレベル"(三牧陽子,2007,2013)。

由于分析对象与术语因研究者而异,因此明确下定义就显得尤为重要。三牧陽子(2001:2)指出:不同的研究者使用不同的术语、概念,产生了很多误解;研究者间在没有明确下定义的情况下展开讨论,引起了学术界的混乱。上仲淳(2007:9)对现有主要研究中关于语体的界定与分类进行了整理与比较,见表2-4。

表2-4　语体的界定与分类

研究者	包含敬语表达的语体及标记			不包含敬语表达的语体及标记	
生田少子·井出祥子(1983)	+	含有尊他语、自谦语、礼貌语		0	没有尊他语、自谦语、礼貌语
三牧陽子(1993)	+	です·ます体、ございます体、であります体	+' 在です·ます体上附加终助词	0	だ体

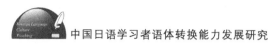

续表

研究者	包含敬语表达的语体及标记				不包含敬语表达的语体及标记
宇佐美まゆみ(1995)	+	尊他语、自谦语、美化语及"わたくし""でございます"等比较郑重的话语	+'	含有敬体	−	简体或对问题过于简略的回答等不太郑重的话语

如表2-4所示,语体的界定和分类缺乏统一标准,这使得研究间很难展开讨论(三牧陽子,2001)。上仲淳(2007:10)强调,明确语体转换的内涵具有重要意义:

> 在宇佐美まゆみ的研究中,如果当前发话者是自己的话,还要同时对比前面出现的对话者的话语句,从两个角度讨论语体转换。同样,如果当前发话者是对话者的话,还要同时对比前面出现的自己的话语句。然而,三牧陽子的系列研究只将同一说话人前后发话中的语体变动视作语体转换。

二、关于日语母语者的语体研究

接下来对日语母语者(NS)和非母语者(NNS)的语体研究进行梳理。语体研究至今已有较为丰富的积累,在此笔者挑选部分主要研究进行介绍。

如上所述,语体研究始于生田少子・井出祥子(1983),而宇佐美まゆみ(1995等)、三牧陽子(2000等)的系列研究为该领域的发展壮大做出了重大贡献。这些研究主要探讨母语者在会话中如何选择语体,以及如何进行语体转换。此外,伊集院郁子(2004)考察了母语者如何根据会话场景(日语母语者场景和跨文化交际场景)选择语体,提出了富有启发性的观点。以下逐一介绍上述研究。

生田少子・井出祥子(1983)将谈话分为两种:(1)全程语体不变的谈话,如升学考试中的面试环节、与关系非常亲密的人之间的聊天;(2)不同语体交替出现的谈话,如日常会话、大学授课。在此基础上,生田少子・井出祥子(1983:83)提出了"语体选择模型"(见图2-1)。

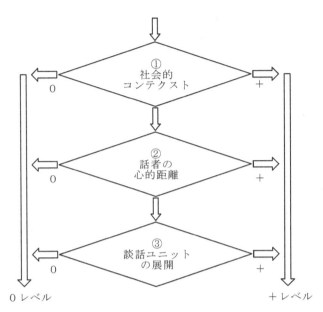

图 2-1　语体选择模型

　　谈话中占主导地位的语体是由交际者间的权势关系、亲疏关系、交际场景、话题等情景因素决定的。当情景因素的限制不是很强的时候,如在日常会话、大学授课等场景中,"话者间的心理距离""话语单元的展开"这两个因素会影响语体选择。"话者间的心理距离"包括:缩短心理距离和拉长心理距离。具体而言,从使用敬语表达(尊他语、自谦语、敬体等)到脱离敬语表达的下行转换,"可以直率地表达说话人对听话人的共情,如亲近感、赞同、支持等,并拉近彼此之间的距离"(生田少子·井出祥子,1983:81)。相反,从不使用敬语表达到使用敬语表达的上行转换,"传达说话人郑重的态度,或不侵犯对方私人领域的态度等,这会拉开彼此之间的距离"(生田少子·井出祥子,1983:81)。"话语单元的展开"是指语体转换"与话语单元的变化保持一致,起到话语标识的作用"(生田少子·井出祥子,1983:82)。话语单元的变化方式有六种,即对前述内容进行说明、示例的演绎性转换,对前述内容进行总结的归纳性转换,对前述内容进行补充、附加的转换。至于"话者间的心理距离"和"话语单元的展开"之间的优先顺序,选择语体时须优先考虑前者。

　　三牧陽子(2002)使用礼貌理论,通过实证研究对如何设置基调语体进行了考察。基调语体即为生田少子·井出祥子(1983)提出的"作为谈话主体的语体"。该研究以日本大学生间的初次见面对话为分析数据,共收集了37组对话。分析结果显示:在与社会地位同等的人谈话时,交谈双方不仅选择同一基调语体,甚至连各语体的比例都非常相近。由此推断,作为一项社会规范,同等地位的交谈者须选择相似的语体。

以下对引起语体转换的诸因素,以及语体转换所具有的语用功能进行整理归纳。下文依次介绍三牧陽子(1993,2000)、宇佐美まゆみ(1995)的研究结果。

三牧陽子(1993)以电视台的访谈节目为分析数据,节目包括《彻子的房间》(ABC电视台)、《时尚30·30》(读卖电视台)、《新伍和新助之间的危险故事》(关西电视台)等。该研究重点考察了语体转换的话语标识功能,即生田少子·井出祥子(1983)提出的"话语单元的展开"功能。该研究归纳了三点:(1)转换话题;(2)明示、强调重要部分(结论、结果、意志、事实、论点等);(3)插入注释、补充、独语。至于语体转换的方向(上行转换、下行转换),则由话语内容决定:当谈到严肃的内容时,语体向敬体方向转换,而当谈到开心的内容或打趣开玩笑时,语体向简体方向转换。

三牧陽子(2000)探讨了简体句在敬体基调的谈话中的语用功能。通过话语分析,该研究提炼出了以下三类简体句:(1)自言自语式的说话;(2)直接引用过去的发话、心情、思考;(3)直白地表露当下的心情。上述这些简体句的共同特征为:没有直接指向听话人。它们所具有的人际关系调节功能为:在遵守社会规范的同时,缓和敬体给谈话带来的拘束感,拉近交谈者间的距离,营造友好和谐的气氛(三牧陽子,2000:37)。

宇佐美まゆみ(1995)也分析了敬体基调谈语中的简体句。但是,两项研究的侧重点有所不同:三牧陽子(2000)聚焦于语体转换的功能,而宇佐美まゆみ(1995)则关注语体转换的发生条件。宇佐美まゆみ(1995)将容易发生下行转换(从敬体转换为简体)的语境归纳为以下五种:(1)心理距离缩小;(2)迎合对话者的简体句;(3)自言自语、自问自答;(4)进行确认及其回答;(5)中途结束句。

生田少子·井出祥子(1983)、三牧陽子(1993,2000)及宇佐美まゆみ(1995)都将语体转换视为重要的研究课题。何为语体转换?语体转换是指基调语体的一时脱离与回归。如前所述,语体转换的功能可归纳为两方面:(1)人际关系调节功能(对人機能);(2)话语标识功能(談話標識機能)。其中,话语标识功能可归纳如表2-5所示。

表2-5 语体转换的话语标识功能

话语标识功能	生田少子·井出祥子 (1983)	三牧陽子 (1993,2000)	宇佐美まゆみ (1995)
(1)明示/强调结论、意志、事实、论点等重要内容	√	√	
(2)对前述内容进行说明、例证、补充、注释	√	√	
(3)提出新话题	√	√	√
(4)进行确认及其问答			√
(5)自言自语、自问自答	√	√	√
(6)直接引用、直白表露心情		√	

　　关于语体转换的话语标识功能,须特别说明的是,并非在所有符合条件的语境下都会发生语体转换。此外,某些功能往往伴随上行转换,如(3);而某些功能会伴随下行转换,如(4)(5)(6);(1)(2)的语体转换方向则受话语结构及谈话内容的影响。为何对谈话内容和语言形式进行确认时易变成简体?这是因为简短的表达可以尽量减轻确认对原有谈话造成的阻塞。(5)自言自语、自问自答,貌似听话人不存在一般,所以不必考虑礼貌问题,使用简体即可。(6)直白表露心情的简体发话,兼具话语标识与调节人际关系这两个功能,是一项可以拉近交谈者间心理距离的积极礼貌策略(三牧陽子,2000)。自言自语、直接引用、直白表露心情,属于鈴木睦(1997)提出的"自身领域"的范畴,无须考虑礼貌问题,在该类语境下实施下行转换,可以调节会话气氛,让敬体基调的会话显得没那么生硬、拘谨(三牧陽子,2000)。

　　上述这些研究探讨的均是日语母语者在母语者交际场景中如何选择语体的问题。伊集院郁子(2004)则将目光投向了母语者如何根据交际场景选择语体的问题。调查者安排日语母语者同时参加母语者交际场景及跨文化交际场景的初次见面对话。在母语者交际场景中,所有参加者都是日语母语者;而在跨文化交际场景中,参加者由日语母语者和非日语母语者构成。研究者使用礼貌理论对两个场景的会话语料进行了对比分析。结果显示:母语者在跨文化交际场景中更多地使用简体,同时敬体和中途

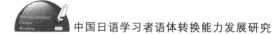

结束句①相应减少。这是因为,比起跨文化交际场景,日语母语者在母语者交际场景中更加重视消极礼貌策略的运用。②另外,为考察语体在15分钟的谈话中的变化情况,研究者首次使用"宏观层面的语体转换"这一概念进行了分析。具体操作方法为:以每3分钟为一个单位,计算出敬体句在所有话语句中的占比,并将其绘制成折线图。研究显示:母语者交际场景呈现"平缓减少型"的变化特征,即随着时间的推移,敬体逐渐减少;研究者在跨文化交际场景中观察到了"急速减少型""低位维持型""变动型"等三种不同的变化类型。所谓"急速减少型"是指,在会话的最初3分钟内,敬体使用率达到42%—75%,但接下来马上变为0%,之后也没有回升。"低位维持型"是指,会话伊始就很少使用敬体,后面的敬体使用率也维持在12%以内。"变动型"是指,敬体使用率时升时降,观察不到一定的规律性(伊集院郁子,2004)。

　　研究者基于对话者的语言操作意识,对以上调查结果进行了讨论,并得出以下结论。关于母语者交际场景,其语体操作特征可归纳为以下两点:(1)在初次见面对话的第一阶段,即头3分钟内,双方都使用五成左右的敬体,以保证一定程度的消极礼貌。(2)观察对话者的语体选择情况,彼此做出调整,逐渐向简体转移。关于跨文化交际场景,可归纳为以下三种情况:(1)因R值③减少引起的简体"急速减少型"和"低位维持型"。当知晓对话者为非日语母语者后,母语者瞬间从日语规范中解放出来,在初次见面对话中应使用礼貌表达的意识变得薄弱。(2)因P值引起的简体"急速减少型"和"低位维持型"。母语者的脑海中浮现出母语者与学习者之间力量关系的构图,P值随之减少。同时,"敬体表达对非母语者而言太难"的刻板印象强化了该倾向。(3)与FTA程度,即Wx值无关的语体变动型。母语者根据学习者的语体使用情况调整自身的语体,这属于语言调节的趋同策略。

---

　　① 中途结束句是指尽管没有将最后的谓语部分表述出来,但是已经完成信息传达的话语句(伊集院郁子,2004:23)。

　　② Brown 和 Levinson(1987)提出:任何话语都有可能成为面子威胁行为(face threatening act,简称FTA)。说话人根据FTA的程度来选择补偿策略,消极礼貌策略是其中的一种。

　　③ 根据 Brown 和 Levinson(1987)的计算公式 $Wx=D(S,H)+P(H,S)+Rx$,FTA的程度 W 由 D、P、R 三个因素决定。D值指说话人(S)和听话人(H)之间的社会距离,即 social distance;P值指说话人和听话人之间的相对权力关系,即 power;R值指在某种文化中特定的行为x的负荷程度,即 rank of imposition。

从上述调查结果可知,母语者在母语者交际场景和跨文化交际场景中选择语体的机制是不同的。在母语者交际场景中,语体转换的主要影响因素是D值的减少;而在跨文化交际场景中,R值和P值的减少是语体转换的主因。由此可见,母语者在进行跨文化交际时,未必遵循日本的社会规约与语言规范,他们有可能根据场景调整自身的语言。这项具有开创性的研究,为今后的语体研究提供了新的视角与方法。

以上概述了以母语者的语体选择为研究对象的代表性研究。这些研究探讨了在母语者交际场景中影响语体选择的主要因素、语体转换的发生条件及其语用功能等。此外,这些研究通过实证分析,揭晓了母语者在跨文化交际场景中的语体操作有别于在母语者交际场景中的事实。

语体研究的分析框架多为礼貌理论,如三牧陽子(2000,2002)、伊集院郁子(2004)。语体选择和礼貌问题同属关注人际关系的话语分析领域,所以使用礼貌理论分析语体可以说是顺理成章的事。

三、关于非日语母语者的语体研究

有关非日语母语者的语体研究,笔者首先根据研究对象对文献进行整理归类,然后介绍与本研究相关度较高的几项研究。

以NNS为对象的语体研究有着丰富的积累。首先,从作为研究对象的学习者的母语来看,以汉语母语者和韩语母语者为调查对象的研究较多,一大原因是两国的日语学习者占比较高。以汉语母语者为研究对象的有林君玲(2005)、陳文敏(2004)、田鴻儒(2007)、上仲淳(2007)等。以韩语母语者为调查对象的有黄鎮杰(1996)、前田理佳子(1999)、石崎晶子(2002)等。除此之外,代表性的研究还有ナカミズ(1996)、上仲淳(1997)等。ナカミズ(1996)以在日巴西劳动者为研究对象,上仲淳(1997)则分析了英语母语者的语体选择情况。

从二语习得的环境出发对上述研究进行分类,可以发现大部分研究调查的是二语习得环境中的学习者,即在日本生活、学习、工作的NNS,如黄鎮杰(1996)、前田理佳子(1999)、石崎晶子(2002)、ナカミズ(1996)、上仲淳(1997,2007)等。此外,第二语言习得的途径分为两种:(1)自然环境下的语言习得;(2)课堂教学环境下的语言习得。按照习得途径对上述研究进行分类,除上仲淳(1996,1997,2007)外,其余都属于前者。此外,着眼于外语学习环境中的学习者,即调查对象为日本之外的学习者的研究,据笔者所知,

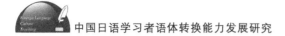

只有林君玲(2005)、田鸿儒(2007)两项。

以上从学习者所操的母语及二语习得环境的角度,对NNS的主要相关研究进行了整理归类,结果发现两个特征:(1)研究对象集中在汉语母语者和韩语母语者;(2)研究对象以二语习得环境中的学习者为主。

接下来,笔者将介绍几项与本研究相关度较高的研究。上仲淳(2007)在方法论上有较大创新。他指出,现有研究的问题在于在实验室条件控制下收集数据。他提倡,在了解学习者的社交群体后,收录日常生活中的自然会话。该研究以3名就读于关西地区某大学的中国留学生为调查对象(C1、C2、C3),她们拥有3年的日语学习经历,日语能力为高级①。研究者在确定调查对象的主要日语使用场景后,收集、分析了学习者在不同场景中的语体行为。以下从语体选择和语体转换两个方面对其主要研究结果进行总结概括。

关于学习者的语体选择标准,上仲淳(2007)发现了以下几个特征:(1)学习者的语体选择标准既有与NS重合的部分,又有NNS特有的部分。例如,当对话者的母语者对自身的日语使用比较严谨时,C3会选择敬体。(2)当敬体和简体的选择标准发生冲突,必须决定优先顺序时,学习者之间存在个体差异。例如,C1优先考虑心理距离,而C2优先考虑上下关系。(3)在学习者的语体选择标准中,还存在与交际策略相关的因素。例如,C1表示:"因为简体更短,更容易理解,更方便,所以尽量使用简体。"可见,对C1来说,比起礼貌问题,信息传递更加重要。(4)学习者的语体选择意识与行为之间有时出现偏离的现象,这是由于无意识的语言使用较多的关系(C1、C2、C3)。(5)方言使用方面,个体差异显著。例如,学习者可能因分不清标准语、方言和年轻人的语言表达而产生误解(C1、C2、C3)。上仲淳(2007)还发现,学习者可能通过组合的方式发明中介语方言,如"～やから"。

针对以上分析结果,研究者做了如下讨论:汉语中没有完整复杂的敬语体系,因此学习者受母语文化的影响较小;学习者主要通过习得的礼貌规范

---

① 这里的"高级"指的是学习者的社会语言学能力。3名学习者在敬语使用等礼貌表达的知识和运用上还存在不足,对照牧野成一(1991)的社会语言学能力指标,还未达到超级水平,处于从中级向超级发展的过渡阶段,即高级水平(上仲淳,2007:38-39)。超级水平指的是语体方面不存在问题,能使用礼貌惯用表达,敬语表达基本上都已掌握。高级水平指的是能区分使用主要语体,会使用部分敬语。

及语言社群的影响掌握语体;打工场景的语言使用规范及实践活动对语体习得产生较大的影响,这是因为很多中国留学生通过打工赚取一部分甚至大部分的生活费与学费,他们把很多课余时间都花在打工上。

关于语体转换的发生语境,上仲淳(2007)在学习者身上发现了以下特征:(1)注意力持续性问题会引发语体转换。学习者在谈话时不能始终关注语体,所以会发生无意识的语体转换。(2)惯用话语(institutionalized expression)中有些包含"です/ます",有些则不包含。有些单词、情态表达(モダリティ)易和"です/ます"共同出现;有些则相反,易和简体形成固定语块。这可能受到日常语言使用环境的影响。(3)"のだ"句式易变成"んです"。遇到"のだ"时,易变成"んです",发生上行转换。在学习者使用的课本中,"のだ"多以"んです"的形式与敬体一同导入,因此学习者将其作为一个整体存储于大脑中,使用时也作为一个整体来提取。(4)关西地区很少使用"だ",该处助动词用"です"替代。语料中,名词、形容词等后接"だ"的话语句极少,一般用"です"替代"だ",发生上行转换。这是因为在学习者居住的关西地区,日常生活中几乎不使用"だ"。(5)语级语体(+)和句末语体(+)发生联动。在简体基调的谈话中,当要对话题中的人物表示敬意时,学习者不仅使用礼貌程度更高的词汇形式,也在句末发生上行转换,选择敬体。该现象反映了学习者对"です/ます"的功能认识不足。学习者不清楚属于"对者敬语"的"です/ます"到底是对话题人物表达礼貌,还是对听话人表达礼貌。[①](6)把"ですか/ますか"作为疑问句标识进行使用。当遇到名词、形容词终止型及动词的简体疑问句时,会出现和礼貌表达无关,仅仅为了标识该处为疑问句而发生的上行转换。

以上为上仲淳(2007)的主要研究发现。学习者的语体管理特征可以总结如下:(1)在基调语体的设定中,中介语特征随处可见,同时存在个体差异;(2)打工场景的语言环境对学习者的语体习得产生显著影响;(3)受注意力的持续性、程式化语言(formulaic speech)等影响,无意识的语体转换随处可见。

接下来介绍黄鎮杰(1996)的调查结果。此研究以个案研究的方式调查

---

① 敬语可以分为针对话题中人物和事物的"素材敬語"及针对受话者的"对者敬語"。礼貌语"です/ます"属于"对者敬語",是说话者对受话者礼貌地表达某事时所使用的语体。

了1名"在日朝鲜人"的语体选择情况。调查对象A某是1名"第二代在日朝鲜人",59岁,第一语言是日语,因其父母及公婆的韩语规范意识都非常强,她也受到影响。该研究分析了她与"在日第一代朝鲜人"B某之间的谈话。B某的个人信息如下:84岁,A某婆婆的朋友,通过A某婆婆与A某结识。研究结果发现:A某的礼貌规范意识倾向于日本社会文化,但兼具韩国语言文化特征。后者表现为:比起同为在日朝鲜人的连带感(亲疏关系),A某更加重视对方为年长者这一上下关系。"一般来说,在韩国,判断是否使用敬语,年龄因素起决定性的作用,年龄决定上下关系,亲疏意识很难超越年龄因素。"(黄镇杰,1996:52)

佐藤势纪子(2000)对比分析了母语者和学习者的语体转换情况及影响因素。通过分析发现:学习者身上比较显著的下行转换的原因是"确认"和"适词搜索"。确认是指,针对对方的发言,通过重复其话语或其中的一部分内容,或使用其他表达,对其进行确认。适词搜索是指,向对方询问自己使用的语言表达是否恰当,或表达语义后向对方询问合适的语言形式。学习者之所以较多地使用确认和适词搜索,是因为与母语者相比,其听力水平有限,词汇知识储备也不足。学习者语体转换的另一大特征是:将近一半的语体转换无法探明其原因;其中大部分为以名词、形容词等单词结尾的话语句,或是"そう""そうそう"等应答词、附和语。①

上述这些研究的调查对象均为二语习得环境中的日语学习者,田鸿儒(2007)则以中国某综合大学的8名高级日语学习者为调查对象,收集、分析了学习者与2名母语者之间的16组初次见面对话。对话者的年龄分别为"同等"(二十岁出头)和"长辈"(五六十岁)。研究者通过话语分析的手法,考察了学习者根据对话者的年龄区分使用语体的情况。研究结果表明:和母语者根据对话者的年龄明确区分使用语体(三牧阳子,2002)不同的是,学习者在语体选择上存在显著的个体差异性。他们缺乏语体知识,容易受对话者说话方式的影响,而且会话期间很难持续关注语体。

以上概述了有关非日语母语者的语体研究。笔者总结发现:受母语迁移、注意力、日语能力等多维因素的综合影响,二语话者在语体选择和语体转换上表现出其独特的一面。

---

① 外语学习是一个复杂的、受诸多因素影响的心理过程、社会过程。

第三节　研究定位

前两节分别对语言变异研究和日语语体研究的主要相关文献进行了梳理总结。语言变异研究源于欧美社会语言学,以考察语言的多样性为目的,研究对象不仅包括母语者,还包括学习者,从二语习得的角度,建立了许多关于语言变异的重要理论。而日语语体研究则是从话语层面探讨日语敬语的实际使用问题。该领域的研究主要关注句末语体,但也考察狭义敬语等词汇层面的语级语体,在母语者的语体选择条件和语体转换的语用功能以及学习者的语体选择和语体转换的影响因素等方面有较深厚的研究积累。

语言变异研究和日语语体研究虽然在研究的出发点和关注点上有所不同,但两者存在共同点:首先,礼貌和注意力都是引起转换的重要因素;其次,就日语而言,选择敬体还是简体、狭义敬语还是普通语,既是涉及变异(变项、变体)的语言多样性问题,也是涉及语体的礼貌问题。换言之,关于敬体与简体、狭义敬语与普通语之间的选择问题既是语言变异研究,也是语体研究。本研究的目的是考察日语学习者的句末语体及词汇的选择问题,探析其习得规律。笔者认为,结合以上两个研究领域,有助于研究者从更加广阔的视野来考察日语学习者的语体变化与发展问题。以下对两个分析框架进行对比,以明晰本研究采取的立场。

首先,理论基础不同。语言变异研究既有从社会语言学视角进行讨论的,也有使用心理语言学方法进行研究的。因此,它在分析语体转换的影响因素时,同时考虑了社会因素与心理因素,此外还关注语言因素。而语体研究是从社会语言学的视角出发的,主要关注社会因素。[①]本研究使用变异研究的分析框架,以期能更加全面地分析学习者的语体选择标准及影响因素。

其次,转换的内涵不同。变异研究在讨论转换的影响因素时,没有区分它是话语间的转换,还是话语内的转换。而语体研究在明确区分基调语体和语体转换的基础上,讨论了语体选择与转换问题。笔者认为,语体研究的方法论更加清晰明了,因此本研究采用该分析框架。

最后,关注点不同。变异研究只关注引起转换的语境条件,而语体研究

---

① 部分研究(上仲淳,2007;田鴻儒,2009)探讨了注意力等心理因素。

同时还从话语层面考察转换的语用功能。本研究采用语体研究的方法,同时探讨语体转换的语境条件和语用功能。

以上总结了变异研究和语体研究的异同点,明确了研究定位与分析框架。结合两个研究领域,可以取长补短、拓宽视野,为中介语语体问题提供一个更加全面的解释。

此外,在"style""speech level""待遇レベル"等众多用语中,笔者之所以使用"speech style",是希望能把变异研究和语体研究整合在一起,从而在更加广阔的研究背景下探讨语言的区分使用问题。

第三章　研究方法

本章从调查对象、数据收集和分析方法三个方面介绍研究方法。

第一节　调查对象

中国日语学习者的语体研究主要是通过收集、分析二语习得环境中的学习者与母语者之间的自然会话,探讨学习者在语体选择上的特征及存在的问题。而以外语学习环境中的学习者为调查对象的实证研究目前处于落后状态。此外,现有研究多为横向研究,考察学习者语体转换能力发展问题的纵向研究几近于无,有待探索。

基于以上背景,本研究围绕中国日语学习者的语体转换能力发展问题,以历时个案研究的手法,对学习者展开为期1年的跟踪调查。通过收集真实的口语语料,运用话语分析的研究手法对学习者和母语者的语体选择进行对比分析,深究学习者语体转换能力的发展现状,追踪其发展轨迹,探讨其发展机制。本研究的主要内容由以下两部分构成:(1)外语环境,这部分涉及国内高校日语学习者的语体选择;(2)二语环境,这部分涉及参加"3+1"留学项目的日语学习者的语体转换能力发展。

关于外语环境中的日语学习者,考虑到语体操作需要一定的会话能力,本研究将研究对象锁定在日语专业高年级学生身上。最后选定的研究对象是:中国南方一所四年制普通高校日语专业三年级的8名学生,男女各4名。具体为:20—22岁,无留学经历,参加了日语能力一级考试,合格或差几分合格。

关于"3+1"赴日留学生的语体调查,本研究旨在对实际产出语料、日语接触环境、语言使用意识等数据进行综合考察,因此采用个案纵向追踪的研究手法,深入探讨3名学习者的语体习得过程与发展规律。作为研究对象的学习者,她们是中国北方一所四年制普通高校日语专业三年级的3名学生。具体情况如下:女,21—22岁,3人都是进入日语专业后开始学习日语的,并于26个月后,即在大三第一学期时通过了日语能力一级考试,本调查开始时的日语学习时间为3年整。

第二节　数据收集

一、外语环境中的日语学习者的数据收集

笔者安排学习者参加了两次同性间的初次见面对话。对话者分别为:与他们同龄的日语母语者(20—25岁,〈对同〉)、比他们年长的母语者(50—66岁,〈对上〉)。之所以没有安排学习者与比他们年少的母语者对话,是因为周围环境中没有满足该条件的母语者。为避免性别对分析造成干扰,本次收集的语料统一为同性之间的对话。会话开始前一概不透露双方的年龄、性别等信息。每组会话的时间为15分钟,话题自由。每组会话结束后,笔者都会对参加会话的两位调查对象分别进行半结构式访谈,了解他们关于对话、对话者的感想及语言使用意识等。笔者通过此调查方法共收集了16组两人间初次见面对话,其中8组为〈对同〉,另外8组为〈对上〉,总计时长240分钟。笔者对所有对话进行了录音、录像,转写成文字,并将其作为研究的第一手材料。会话结束后的访谈可作为辅助材料用于话语分析。此外,关于会话不明之处等,为避免主观臆断,在会话收录后的两周内,笔者通过后续访谈进行了确认。具体为,笔者向调查对象展示会话的文字记录和视频,确认当时的想法,等等。

二、"3+1"二语环境中的日语学习者的数据收集

有研究表明,在日留学生日常生活中接触日语的机会较多,通过自然习得也能较好掌握语体转换能力。另外,伴随着全球化发展与我国国民经济收入的增长,日语专业学生通过"3+1""2+2"等项目赴日留学的现象越来越普遍。基于以上背景,本研究的第二部分聚焦"3+1"赴日留学生,考察他

们在1年留学期间的语体发展情况。

研究对象为中国北方一所四年制普通高校日语专业三年级的3名学生，21—22岁、女性，调查开始时的日语学习时间为3年整。为探讨学习者语体转换能力的发展轨迹，在她们赴日留学后的1年里，笔者共收集3次学习者和母语者之间的初次见面对话，并对其生活学习环境、语言使用意识等进行半结构式访谈。

学习者的对话者分别为：年长于她们的日语母语者（60—70岁，〈对上〉）、与她们同龄的母语者（21岁，〈对同〉）、比她们年少的母语者（18—19岁，〈对下〉）。每个会话的时长为15分钟，话题自由。在1年期间共收录了27组中日跨文化交际场景的初次见面对话，见表3-1。

表3-1　日语学习者与日语母语者之间的初次见面对话

调查时期	学习者 （C1-C3:女， 21—22岁）	〈对上〉 （JO1-JO3:女， 60—70岁）	〈对同〉 （JS1-JS3:女， 21岁）	〈对下〉 （JY1-JY3:女， 18—19岁）
第一期 （刚到日本）	C1	C1-JO1	C1-JS1	C1-JY1
	C2	C2-JO2	C2-JS2	C2-JY2
	C3	C3-JO3	C3-JS3	C3-JY3
第二期 （赴日半年）	C1	C1-JO3	C1-JS3	C1-JY3
	C2	C2-JO1	C2-JS1	C2-JY1
	C3	C3-JO2	C3-JS2	C3-JY2
第三期 （赴日1年）	C1	C1-JO2	C1-JS2	C1-JY2
	C2	C2-JO3	C2-JS3	C2-JY3
	C3	C3-JO1	C3-JS1	C3-JY1

此外，笔者还收录了8组同等条件下的日语母语者交际场景的对话，作为基线数据（baseline data），其收录方法和中日跨文化交际场景相同，见表3-2。

表3-2　日语母语者之间的初次见面对话

母语者	〈对上〉	〈对同〉	〈对下〉
JS1	JS1-JO1	JS1-JS2	JS1-JY1
JS2	JS2-JO2	JS2-JS1、JS2-JS3	JS2-JY2
JS3	JS3-JO3	JS3-JS2	JS3-JY3

本调查共收录了35组初次见面对话,总计时长525分钟,笔者对所有对话进行了录音、录像,并转写成文字。

除上述初次见面对话之外,为了解学习者平时的语体选择情况,本研究还收录了学习者在日常生活学习中和母语者之间的部分对话。收录方法是:首先对学习者进行访谈,了解她们在日常生活中使用日语的典型场景,然后将录音笔交给学习者,委托其在谈话时进行录音。笔者也向对谈者进行了说明和委托,并得到许可。此调查与初次见面对话的收录时间并行,分别为刚到日本时、留学半年后、留学1年后,共实施3次。

学习者的日语接触环境与语言使用意识会对语体习得造成影响。为了解学习者的日语学习环境和语言使用意识,笔者对其展开了累计4次的半结构式访谈,调查时间分别为:留学前、第一期、第二期、第三期。笔者将访谈中的相关内容转写成了文字,用于考察学习者的语体选择。

除此之外,在第一期和第三期中,笔者委托专业人员对学习者进行了OPI测试。[①]以下参考日语OPI研究会的主页对OPI进行简单介绍。OPI是"oral proficiency interview"的首字母缩写,是全美外语教育协会(the American Council on the Teaching of Foreign Languages)开发的测定外语口头运用能力的测试。[②]在OPI中,专业测试人员以一对一访谈的形式提出各种问题,让受试者回答。采访内容全部进行录音,结束后测试人员重新听录音,并参照指导纲要,判断受试者的口头运用能力处于哪个水平。采访时间控制在30分钟内,按照"warm up""level check""probe""wind down"4个步骤进行。另外,当采访进展到70%的时候,为判定受试者的任务完成能

---

①　根据专业人士的建议,如果每半年进行一次OPI测试,学习者会适应该测试,因而影响测试的信度,所以只在调查第一期和第三期实施。

②　日本語OPI研究会,http://opi.jp。

力,实施"角色扮演"(role play)任务,此部分包括正式场合和非正式场合。

OPI包括"超级、高级、中级、初级"等4个主要级别,其中,高级、中级、初级可进一步细分为"上、中、下"3个级别,因此一共有10个等级,即"超级、高级—上、高级—中、高级—下、中级—上、中级—中、中级—下、初级—上、初级—中、初级—下"。其中,4个主要等级的判断标准如下。(1)超级:能阐述带有佐证的意见,提出假设,能同时讨论具象和抽象的话题,能同时应对正式和非正式场合。(2)高级:能使用过去、现在、未来等时态进行详细的描写、叙述,能应对复杂的事态。(3)中级:能主动进行提问、回答问题,能维持简单的面对面交谈,具备在目标语社会中生活的语言应用能力。(4)初级:主要依靠单词、短语、背诵的句子进行会话,缺乏语言使用的自主性,无法在目标语文化中独立生活;

关于OPI各个等级水平应持有的语体能力,牧野成一(1991)指出:(1)超级:不存在语体问题,会使用程式化的礼貌表达,能使用敬语。(2)高级:具备主要的语体能力,能使用部分敬语。(3)中级:较好地掌握、使用敬体、简体中的一种。(4)初级:只会使用背诵下来的礼貌表达。由此可见,学习者只有口语能力达到超级水平,才能很好地区分使用语体。

笔者将以上调查方法汇总为表3-3。

表3-3　调查方法汇总

调查内容	第一期 (刚到日本)	第二期 (赴日半年)	第三期 (赴日1年)
初次见面对话	〈对上〉	〈对上〉	〈对上〉
	〈对同〉	〈对同〉	〈对同〉
	〈对下〉	〈对下〉	〈对下〉
自然会话	大学	大学	大学
		兼职	兼职
半结构式访谈	日语接触环境 语言使用意识	日语接触环境 语言使用意识	日语接触环境 语言使用意识
OPI测试	第一次		第二次

第三节　分析方法

如前文所述,本研究收集的资料包括:初次见面对话、日常生活中的自然会话、会话结束后及文字转写后的半结构式访谈、关于日语接触环境和语言使用意识的访谈、OPI口语测试等。为捕捉学习者语体发展的真实状况,追踪调查使用的语料最好前后保持一致,以便进行对比分析,考察学习者的语体发展规律。因此,本研究的分析将主要围绕初次见面对话展开,其他数据则作为话语分析、三角论证的材料适时提示。

以下对话语句的认定方法、转写记号以及语体分类进行阐述。

一、话语句的认定方法

分析语体时,明示话语句的认定方法非常重要,这是因为话语句的认定方法将直接影响语体的分析结果及不同研究之间的讨论问题。本研究原则上参照宇佐美まゆみ(2020)中的话语句的认定方法,但进行了局部处理。

BTSJ是为日语自然会话的定量分析开发的转写原则。它以"话语句"为基本分析单位。话语句是指"实际会话中的句子",可通过"话者交替"和"时间间隔"来认定。即,当出现话者交替或时间上的停顿时,将其认定为一个话语句。所以,除了完整的句子外,以下情况也属于话语句,如"单个词的句子""省略句尾的句子""在说话人结束发言前,被对话者打断,结果只说到一半的句子"。

宇佐美まゆみ(2020)没有把"そうですね"这样的附和语单独看作一个话语句,而是将其与前面或后面的语句连在一起看作一句话。本研究把附和语看作说话人为争取思考时间而采取的交际策略,所以将其单独认定为一个话语句。

日语口语中存在较多以接续助词"が"、"けれども"(包括"けれど""けども""けど")、"から"、"し"等结尾的话语句。关于这些接续助词,有研究提出"终助词化的接续助词"的概念(高橋太郎,1993;小林隆,2003)。但是,在认定话语句时存在一个问题:比较难判断何种情况为接续助词的倒装句或省略主句的用法,何种情况为终助词的用法(松村明,1971)。本研究在操作时采取下述方法:观察上下文语境,将说话人打一开始就不准备说出主句的"接续助词结束型话语"认定为独立的一个话语句;而将出现主句的复句,包括倒装句在内,共同认定为一个话语句。

二、转写记号

按照上文中阐述的话语句的认定方法,笔者将收集的所有初次见面对话在Excel表格中转写成文字。转写记号参考了宇佐美まゆみ(2020)和李吉鎔(2005),具体如下:

、	较短的停顿
。	一句话结束的地方
?	疑问句及具有疑问句功能的话语句
^^	笑
( )	附和语
{ }	非语言行为
〈秒〉	沉默的秒数
/	话语重叠的地方
####	无法听清的部分
[ ]	针对误用的修正
〔 〕	说明性文字
【 】	由于对话者插话而中途被迫结束的话语句
【【	被打断的话语句的结尾处
】	打断别人说话的话语句的开头处

三、语体分类

如文献综述中所述,语体的研究对象涉及面较广,且在研究者之间没有形成统一的标准。现有研究的分析对象主要可分为两类:句末语体和语级语体(狭义敬语、方言、自称词、接续词、接续助词等)。本研究将对句末语体和狭义敬语、方言、姓名称呼语等进行探讨。

大塚容子(2013)将话语句分为标示语体差异的有标识句(標識あり文)和不标示语体差异的无标识句(標識なし文)。有标识句又分为敬体句和简体句。无标识句包括独词句(一语文)和中途结束句(中止文)。

本研究在分析句末语体时,将笑声和"はい""ええ""ん"等附和语、应答词排除在语体判定对象之外。另外,中途结束句,即谓语部分被省略,或复句的主句被省略,只有从句的话语句(宇佐美まゆみ,1995),因为句末语体不明,需要从其他视角进行考察,所以也被排除在分析对象之外。同样,被对话者的话语打断而被迫中途结束的话语句,因为句末语体无法判断,所以也不包含在分析对象内。本研究将独词句视为简体句,纳入分析。

本研究将除去上述情况后的剩余话语句分为敬体和简体两大类进行考察。敬体是指话语句的句尾包含以"です""ます"为代表的表达形式的语体。简体是指话语句的句尾不包含上述任何一种表达形式的语体。笔者将敬体句标为(+),简体句标为(0),在 Excel 制作语料库。

句尾是否有终助词会影响话者之间的心理距离,同时,话语的郑重程度也不一样(石崎晶子,2002)。因此,一部分研究会根据句子中是否出现终助词,对语体进行二级分类,如三牧陽子(2002)、伊集院郁子(2004)。因为本研究不对终助词的语用功能展开论述,所以不做细化分类。

四、基调语体

社会语境对语体选择的制约作用在词汇层面的影响较小,而在句末语体层面的影响较大(三牧陽子,1989)。本研究从句末层面判断一个谈话的基调语体及语体转换。所谓基调语体,是指一个会话中比例大于 50% 的语体,也称"基本态语体"(宇佐美まゆみ,2001)。为考察语体选择的整体倾向和基本规律,笔者将计算出每一位调查对象及其对话者的基调语体。[+]表示某个人在某个会话中的基调语体为敬体,[0]则表示基调语体为简体。

五、语体转换

语体转换是指同一说话人的句末语体从敬体转换到简体——下行转换,或从简体转换到敬体——上行转换。此外,为考察语体在 15 分钟的会话中的动态变化情况,本研究参考伊集院郁子(2004)的"宏观语体转换[①]"的分析方法,把每 3 分钟归为一个单位,将会话划分为 5 个单位后,计算出每个单位的语体比例,再将其绘制成折线图后进行分析。

六、语级语体

语级语体是指与词汇或语法功能相关的语体,范围较广,本书从中选取

---

① 原文中的表述为"マクロなレベルでのスピーチレベル・シフト"。

以下三项进行考察:(1)狭义敬语;(2)关西地区方言;(3)姓名称呼语。为什么将语级语体的分析对象锁定在这三项上? 首先,选择狭义敬语,是因为即使句末语体("对者敬语")一样,文中是否使用"素材敬语"(尊他语、自谦语等),话语的礼貌程度会出现不同,所以应该对两者进行考察。此外,敬语是日语教育界公认的教学难点之一,所以作为基础研究,揭晓学习者的敬语习得状况与规律具有重要的现实意义。其次,考察关西方言,是因为调查对象参加的"3+1"留学项目,其合作院校在关西地区,所以当地方言有可能成为学习者新习得的语体之一。最后,分析姓名称呼语,是因为笔者观察会话后发现,母语者和学习者在姓名称呼语的使用上存在较大差异,笔者推测两者可能使用不同的称呼语变体,所以也将其纳入分析对象。

第四章　外语学习环境中的语体选择

第一节　初次见面对话的语体研究

关于初次见面对话中的语体选择的研究主要有宇佐美まゆみ(1995)、三牧陽子(2002)和上仲淳(1997)等。前两项研究以日语母语者为调查对象,最后一项以在日留学生为研究对象。虽然三项研究均探讨了两人间初次见面对话的语体,但调查对象的年龄等社会属性有所不同。以下依次介绍这三项研究。

宇佐美まゆみ(1995)以研究生院的两名日本学生(女性:35岁;男性:39岁)为调查对象,安排他们分别参加6组初次见面对话的收录。对话者为3名同性和3名异性的日本学生,她们的年龄分别是:年长于调查对象(目上)、与调查对象同龄(同等)、比调查对象年少(目下)。研究结论指出,日本社会的规范是:两个初次见面的成年人会选择将敬体作为会话的基调语体;敬体转换为简体的下行转换,在"同等"和"目下"的对话中更加频繁地出现。

三牧陽子(2002)调查了14名大学生(从大学一年级到硕士研究生二年级)的同性间初次见面对话的语体选择。所有调查对象参加两组对话,分别是"同学年组"和"异学年组"。调查结果如表4-1所示:(1)同学年组的基调语体既有敬体,也有简体。将敬体设为基调语体的调查对象看重初次见面这一陌生的人际关系,而选择简体基本态的调查对象则更加重视同一学年这一同伴关系。(2)调查对象和高学年的学长学姐会话时,所有人都将基调语体设为敬体,这是坚固的社会规范。(3)当会话对象从同学年变为高学年时,调查对象的基调语体出现了"简体→敬体变化型""敬体保持型"这两种类型。即便是敬体保持型,调查对象在和学长学姐对话时,敬体使用率也有所上升。

表4-1　日本大学生"对同学年→对高学年"基调语体变化型

基调语体			语体比例的变化
对话者为同一学年的同学	对话者为高学年的学长学姐		
简体 理由:重视同伴意识	⇒ 敬体	理由:通过语体明示话者间的上下关系	敬体大幅度上升 简体大幅度下降
敬体 理由:重视陌生的人际关系			简体比例下降 敬体比例上升

注:笔者依据三牧陽子(2002)的分析结果制表。

　　上仲淳(1997)探讨了4名(男女各2名)在日留学生的语体选择情况。作为调查对象的留学生,他们是英语母语者,日语能力为中高级。研究者安排学习者参加3组两人间的初次见面对话。3位对话者分别为:年长于学习者、与学习者同龄、比学习者年少的日语母语者。分析结果显示:虽然学习者没有学过相关语体知识,但是他们能够根据对话者的年龄明确地区分使用语体。

　　综上所述,无论是日语母语者还是在日留学生,他们都能在初次见面对话中根据对话者的年龄区分使用语体。他们会注意到由年龄差距引起的上下关系,并将这种关系明确反映在语体选择上。

　　总而言之,以往对语体的研究大多以日语母语者和在日留学生为研究对象,而对外语学习环境中的日语学习者的语体选择问题则鲜有研究。众所周知,有别于"二语习得"(second language acquisition),"外语学习"(foreign language learning)环境中的学习者,日常生活中与母语者接触的机会非常有限,所以这两种环境中的学习者可能会表现出不一样的习得特征与倾向。下文对外语学习环境中的学习者——中国高校日语专业三年级学生的语体选择状况进行考察。

第二节　语体数量分布

一、"そう"附和语

笔者分析语料后发现,所有学习者都频繁地使用"そうですか""そうですね"等敬体的"そう"附和语。计算学习者的语体比例,包含"そう"附和语比不包含它时,敬体比例高出9%。使用同样的计算方法,母语者只高1%—2%。特别是学习者CF3,包含"そう"附和语和不包含它时,计算出来的基调语体是相反的。如图4-1所示,包含"そう"附和语时的基调语体为敬体(54%的敬体使用率),而不包含时的基调语体却为简体(70%的简体使用率)。

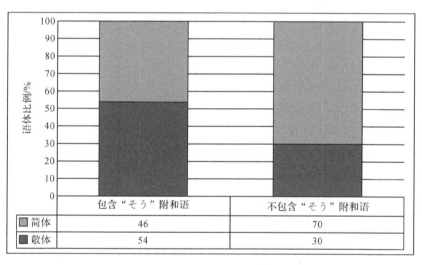

	包含"そう"附和语	不包含"そう"附和语
简体	46	70
敬体	54	30

图4-1　学习者CF3在〈对同〉中的语体选择

"そう"附和语存在敬体、简体之分,如"そうですか"和"そうか",但是,笔者发现,学习者总是使用敬体"一本槍"(毋育新,2018)。这是由什么造成的呢? 笔者推测学习者是以语块(Wray,2002)的形式记忆和提取"そう"附和语的。即,学习者把"そうですか""そうですね"等作为一个整体进行记忆和输出。学习者在使用"そう"附和语时,没有考虑敬简体问题。上仲淳(2005,2007)也提到了,中国日语学习者在使用一些单词或表达情感时,容易选择或避开敬体,他称此现象为"决まり文句"。

　　为避免大量存在的"そう"附和语对分析造成干扰,本部分在统计语体数量时,以去掉"そう"附和语的话语句作为分析对象。

二、语体数量分布

　　8名学习者16组会话的语体数量分布如表4-2所示。关于会话者的标记,从左边开始第一个英文字母表示国籍(C:日语学习者,J:日语母语者),第二个字母表示性别(M:男性,F:女性),第三个字母表示日语母语者的年龄(S:与学习者同龄,O:比学习者年长),最后的数字是序号。

　　从表4-2中可以得知:(1)除了CF2、CF3和CM3,其他5名学习者在两个会话中的基调语体均为敬体;(2)CF3和CM3在两个会话中的基调语体都为简体;(3)CF2在〈对同〉中的基调语体是简体,而在〈对上〉中的基调语体是敬体;(4)关于母语者的基调语体,〈对同〉的JMS1、JMS2和〈对上〉的JMO1—JMO4为敬体,其他为简体。

表4-2　语体数量分布

场景	学习者	话语句数		基调语体	所占比例	对话者	话语句数		基调语体	所占比例
		敬体	简体				敬体	简体		
与同龄人的对话	CF1	54	29	[+]	65%	JFS2	9	77	[0]	90%
	CF2	27	46	[0]	63%	JFS1	2	86	[0]	98%
	CF3	22	51	[0]	70%	JFS3	1	158	[0]	99%
	CF4	63	29	[+]	69%	JFS3	5	131	[0]	96%
	CM1	64	25	[+]	72%	JMS1	50	15	[+]	77%
	CM2	48	31	[+]	61%	JMS3	15	101	[0]	87%
	CM3	43	61	[0]	59%	JMS1	52	32	[+]	62%
	CM4	31	9	[+]	78%	JMS2	70	30	[+]	70%

续表

场景	学习者	话语句数		基调语体	所占比例	对话者	话语句数		基调语体	所占比例
		敬体	简体				敬体	简体		
与年长者的对话	CF1	41	35	[+]	54%	JFO2	9	81	[0]	90%
	CF2	22	11	[+]	67%	JFO3	40	44	[0]	52%
	CF3	36	42	[0]	54%	JFO1	36	72	[0]	67%
	CF4	37	29	[+]	56%	JFO2	11	94	[0]	89%
	CM1	36	21	[+]	63%	JMO2	63	34	[+]	65%
	CM2	43	13	[+]	77%	JMO3	45	16	[+]	74%
	CM3	33	43	[0]	57%	JMO4	48	40	[+]	55%
	CM4	32	8	[+]	80%	JMO1	47	11	[+]	81%

第三节　对话者年龄与语体选择

一、"对同→对上"基调语体的变化

笔者将学习者与同龄人的对话和他们与年长者的对话的基调语体进行比较后,发现有下列三种情况:基调语体(1)从简体变为敬体;(2)简体保持型;(3)敬体保持型。加上语体比例的变化情况,学习者的语体选择可归纳为六种情况(见表4-3)。

表4-3　学习者"对同→对上"基调语体变化型

基调语体		语体比例的变化	学习者	基调语体 同龄人→年长者	案例
与同龄人的对话	与年长者的对话				
简体	→敬体	(+)大幅度增加,(0)大幅度减少	CF2	[0]63%→[+]67%	1
	→简体	(0)减少,(+)增加	CF3	[0]70%→[0]54%	3
		几乎无变化	CM3	[0]59%→[0]57%	4

续表

基调语体		语体比例的变化	学习者	基调语体 同龄人→年长者	案例
与同龄人的对话	与年长者的对话				
敬体	→敬体	(0)减少,(+)增加	CM2	[+]61%→[+]77%	2
		几乎无变化	CM4	[+]78%→[+]80%	5
		(+)减少,(0)增加	CF1	[+]65%→[+]54%	6
			CF4	[+]69%→[+]56%	7
			CM1	[+]72%→[+]63%	

笔者将本调查结果与表4-1中三牧陽子(2002)的考察结果进行比较后发现:母语者选择的基调语体集中在"简体→敬体""敬体→敬体"(简体比例下降)这两种变化型,但是学习者的语体选择个体差异显著,没有表现出一定的倾向性与规律。只有2位学习者的语体选择表现出与母语者相似的变化型(案例1、2)。其他6名学习者:一种情况是,〈对上〉〈对同〉都是简体基本态(案例3、4);另一种情况是,两个会话的语体分布非常相似(案例5);还有一种情况是,〈对上〉的敬体比例反而低于〈对同〉(案例6、7)。下文结合语料,逐一对学习者的语体选择做详细的分析。

二、与母语者相似的语体选择

(1)案例1:根据对话者年龄区分使用语体

学习者CF2在〈对同〉中使用63%的简体,在〈对上〉中选择67%的敬体,基调语体显示出"简体→敬体"的变化型。在关于语言使用意识的采访中,CF2回答道:"当对方年龄和我差不多时,没什么心理负担,比较放松,不用在意敬语,所以使用了简体。而当对方是长辈的时候,出于礼貌和尊敬要使用敬体。"从以上回答可以看出,CF2有意识地根据对话者的年龄区分使用语体。

(2)案例2:母语者的提问方式影响学习者的语体选择

CM2在〈对同〉〈对上〉两个场景中都把敬体设为基调语体,而且〈对同〉的敬语使用率为61%,〈对上〉为77%,敬语比例上升了16%。关于语体选择

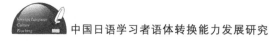

意识,CM2解释道:"对敬体比较有自信,所以平时一般都使用敬体聊天。"由此可见,CM2使用敬体,和敬语表达并没有关系,他只是出于熟练度才使用了敬体。

毋育新(2013)通过对230名日语学习者进行问卷调查后发现,只有18.7%的学习者能根据场所、对话者进行语体选择,而绝大多数的学习者总是使用单一的敬体。究其原因,主要有以下三点:(1)学习者在日语学习伊始接触的就是敬体(25%);(2)学习者不习惯使用简体(20.8%);(3)日语课本中关于简体的讲解太少(18.8%)。CM2的上述回答也证实了当前日语教学中存在重视敬体、轻视简体的问题。

此外,表面上CM2能根据对话者区分使用语体,但是笔者观察对话后发现,这只不过是一个"假象"而已。〈对同〉的母语者JMS3选择了简体基本态,简体使用率达到87%,而且他经常使用简体向CM2提问。例如,在下面的会话示例4-1中,面对JMS3的提问:"いつも勉強してるの?""いまは相互学習してる?"CM2回答:"勉強してる。""少ししてる。"

与此形成鲜明对比的是,〈对上〉的对话者JMO3选择了敬体基本态,敬体比例达到74%,而且他多使用敬体进行发问。在会话示例4-2中,面对JMO3的提问:"相互学習した経験はありますか?"CM2回答:"はい、あります。"

　　(1)会话示例4-1 〈对同〉　CM2:21岁的学习者
　　　　　　　　　　　　　JMS3:23岁的母语者
　　　　　　话题:日语学习
01 JMS3:聴力が弱いって言ってたけど、いつも勉強
　　　　　してるの?　　　　　　　　　　　　　　　　(0)
02 CM2:<u>勉強してる。</u>　　　　　　　　　　　　　　(0)
03 CM2:でも、日本人と一緒に会話をする機会が少
　　　　ないです。　　　　　　　　　　　　　　　　(+)
04 JMS3:いまは相互学習してる?　　　　　　　　　　(0)
05 CM2:<u>少ししてる。</u>　　　　　　　　　　　　　　(0)
06 CM2:相手はサッカーをしてた時に知り合った日
　　　　本人です。　　　　　　　　　　　　　　　　(+)

　　(2)会话示例4-2　〈对上〉　CM2:21岁的学习者
　　　　　　　　　　　　　　　JMO3:65岁的母语者
　　　　　　　　　　　话题:日语学习

01　CM2:中国人の学生は日本人の留学生と相互学習
　　　　をしています。
02　JMO3:CM2さんは相互学習した経験はありま
　　　　すか?　　　　　　　　　　　　　　　　　　　(＋)
03　CM2:はい、あります。　　　　　　　　　　　　(＋)

　　表4-4为CM2的语体分布情况。在〈对同〉的会话中,使用简体进行回答的话语句共15句,占到简体句(31句)的一半左右。但是,在〈对上〉的会话中没有出现一句简体回答。除去简体回答,重新计算基调语体,〈对同〉的敬体比例为75％,和〈对上〉的77％近似。

　　综上所述,首先,CM2出于熟练度、习惯,多使用敬体。其次,受对话者使用提问句的语体的影响,CM2或用敬体进行回答,或用简体作答。

表4-4　CM2的语体分布

场景	敬体/句	简体/句	
		简体回答	其他
〈对同〉	48	15	16
〈对上〉	43	0	13

三、与母语者相悖的语体选择

　　(1)案例3:注意力持续困难影响语体选择

　　CF3在两个会话中都呈现简体基本态。笔者通过采访得知,CF3与CF2(案例1)持有相同的敬语使用意识,即与同龄人说话时可以不用敬语,但是对长辈必须使用敬语。但是,观察CF3的语体分布,〈对上〉的敬体使用率仅为46％,〈对同〉的敬体使用率为30％。有悖于敬语使用意识,两个场景中的基调语体均为简体。CF3在接受采访时,回顾说:"面对年长的母语者,会话刚开始时会注意使用敬体,但是后来光想着说话内容,就忘了使用敬体。"可以看出,CF3意识到,要根据对话者的年龄区分使用语体,但因为注意力的持续性问题,语言意识层面和实际使用之间出现了偏离。

在二语产出中,话者既要思考、组织说话内容,还要进行语言编码,认知负担非常重。因此,当注意力资源不够用时,二语话者无法使用通过学习所获得的知识对自身的语言输出进行持续性的监控(Krashen,1982),所以也无法客观地判断自己的语言表达是否正确、恰当。CF3的语体分布情况,反映了注意力对学习者选择语体的影响。

(2)案例4:没有理解语体的语用功能

CM3在〈对同〉〈对上〉两个会话场景中,都将简体设为该话语的基调语体,比例分别为59%和57%。但是,对话者JMS1、JMO4的基调语体都是敬体,比例分别为62%和55%。对此结果,CM3解释道:"会话时没有特别关注语体,我觉得传达意思最重要。"可见,CM3在用日语进行交流时,认为传情达意是第一要义,没有考虑语体的语用功能。

研究表明,与年长的陌生人聊天时,敬体基本态才符合日本的社会规范、语言使用习惯(宇佐美まゆみ,1995;三牧陽子,2002)。但是,如会话示例4-3所示,当66岁的JOM4使用敬体——如"日本語の先生になるんですか?""この前スピーチコンテストに出たんですか?"发问时,CM3却使用简体——如"日本語の先生。""いいえ、出なかった。"进行回答。参照日语语言文化的习惯,CM3的语言行为欠妥当,有失礼节。

(3)会话示例4-3 〈对上〉 CM3:21岁的学习者
　　　　　　　　　　　　　　JMO4:66岁的母语者
　　　　　　　话题:演讲比赛
01 JMO4:日本語の先生になるんですか? (＋)
02 CM3:<u>日本語の先生。</u> (0)
　　　　　　　　　(省略)
03 JMO4:この前スピーチコンテストに出たんですか? (＋)
04 CM3:<u>いいえ、出なかった。</u> (0)
05 JMO4:出なかったんですか。 (＋)

(3)案例5:选择语体时没有考虑对话者的年龄

学习者CM4的两个会话都是敬体基本态。关于〈对同〉的会话,CM4回顾说:"因为第一次见面,所以使用敬体。"这可以解释为,CM4考虑到陌生人际关系这一社会距离,选择了敬体。关于〈对上〉的对话,CM4说:"对方是长辈,而且第一次见面,所以使用敬体。"可见,CM4考虑到由年龄引起的上下关系,以及由生疏引起的社会距离,选择将敬体作为基调语体。但是,观察两个对话,〈对同〉〈对上〉的敬体比例分别为78%和80%,可以说基本相同。有别于敬语使用意识,CM4在实际对话中并没有根据对话者的年龄来选择语体,即语言意识与行为之间出现了不一致的现象。

(4)案例6:母语者的"修正性反馈"影响学习者的语体选择

观察CF1的语体选择可知,〈对同〉的敬体比例为65%,〈对上〉则为54%。也就是说,CF1在和年长者对话时使用的敬体,反而少于与同龄人对话时使用的敬体。究竟是什么因素造成这一现象呢?CF1在接受采访时,这样阐述自身的语体使用意识:"日语课上,先学敬体,后学简体。我在说日语时,想到哪个语体就用哪个,应该是两者夹杂着用。"从CF1的描述中我们可以了解到,她在说日语时没有——确切地说,是"无暇"顾及语体的语用功能。

此外,比较CF1的两个对话后不难发现,她在和年长者JFO2聊天时使用较少敬体的一大原因是:针对CF1的发言,JFO2频繁地使用简体进行修正性反馈①,随后CF1复述JFO2的订正内容,结果简体比例上升。

如会话示例4-4所示,在判断CF1的日语表达"ラッキーもありますよ。"有误后,JFO2使用显性反馈(Lyster & Ranta,1997)"運もあるよ。"进行订正。CF1注意到对方的订正后,马上重复正确的表达"おー、運もあるよ。"进行内化。

  (4)会话示例4-4　〈对上〉　CF1:20岁的学习者
          JFO2:56岁的母语者
  话题:高考
01 CF1:でも、試験はラッキーもありますよ。　　　　(+)
02 JFO2:〈沈黙1秒〉うん、運もあるよ。　　　　　　(0)
03 CF1:おー、運もあるよ。　　　　　　　　　　　(0)

在〈对同〉的对话中,CF1也出现了日语表达上的错误,但对话者JFS2并

---

 ①　修正性反馈的英语表述为"corrective feedback",日语表述为"訂正フィードバック"。

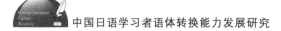

没有像 JFO2 那样——进行纠正。考察其原因,修正性反馈,即指出对方的错误并进行纠正,属于面子威胁行为(FTA)(Brown & Levinson,1987)。为维护 CF1 的面子,JFS2 使用了消极礼貌策略(negative politeness strategy),对 CF1 的日语错误避而不谈。

形式协商不仅会影响会话的连贯性,由听话人发起的形式协商还会损害说话人的面子。因此,在不影响信息交流的前提下,听话人对是否要发起形式协商往往抱有谨慎的态度。出于这一原因,并不是所有母语者都会像 JFO2 那样直接指出二语话者的语言问题。至于母语者是否纠正二语话者的日语错误,这除了和话者间的权力关系、亲疏关系有关之外,还和场合、话题及个性等因素有关。

(5)案例7:"简单回音式"确认影响学习者的语体选择

CF4 和 CM1 在两个场景中都把敬体设为该话语的基调语体。CF4:〈对同〉69%、〈对上〉56%。CM1:〈对同〉72%、〈对上〉63%。观察他们的语体比例变化,笔者发现存在一个共同的奇怪现象:比起〈对同〉,〈对上〉的敬语使用率反而降低了,分别低了13%、9%。造成这一结果的因素是什么呢?通过话语分析,可探明其共同原因是:对话者中的母语者使用较难的日语表达,而 CF4 和 CM1 多使用"简单回音式"①(尾崎明人,1993)对母语者的日语进行确认。如下文的会话示例4-5中,当 CF4 没听懂 JFO2 所说的"争いたくない"时,她简单重复对方话语的一部分"あらそ"进行确认。即,CF4 指出交际中的理解障碍,向 JFO2 传递如下信息:"我没听清/听懂你刚才说的话,能再说一遍/解释一下吗?"随后,JFO2 将"争いたくない"改成其他日语表达"喧嘩をしたくない",解决了沟通问题。

(5)会话示例4-5 〈对上〉 CF4:21岁的学习者
JFO2:56岁的母语者
话题:JFO2不去儿子家的理由
01 JFO2:なぜそうなるかというと、争いたくない。
02 CF4:<u>あらそ?</u>　　　　　　　　　　　　　　　　　　　(0)
03 JFO2:あらそう。喧嘩、喧嘩をしたくない。

———————————

① "简单回音式"的日语表述为"単純エコー型"。

学习者在遇到听不清、听不懂的日语表达时，会发起"澄清请求"。即，使用升调，重复说话人的（部分）话语进行反问。这种方法不需要复杂的目的语加工，可以轻松将解决理解障碍的责任交给同伴，所以学习者常使用澄清请求，这是一种有效的交际策略（徐锦芬、舒静，2020）。但是，从敬语表达的角度看，过多使用这一策略会显得不太礼貌。和陌生人、长者聊天时，使用"……はどういう意味でしょうか""……とは何でしょうか"等表达进行确认，会显得更加得体。为了不影响会话的流畅性，也可重复听不懂或没理解的单词和表达，但不用升调直指对话者，而是采用自言自语的自问方式[①]发起隐性求助。如在会话示例4-5中，CF4可以说"あらそ……"，用拖长最后一个音的方法向对方暗示自己没听懂、不理解。这种交际策略在日语母语者中较常见。

通过以上分析可知，CF4、CM1并不是有意对年长者使用较少的敬体，而是由于年长者JF02、JM02使用较多晦涩难懂的日语表达，使学习者无意识地使用"简单回音式"进行确认，导致简体比例上升。

第四节　语体选择的影响因素

上述分析结果可总结如下：

（1）学习者的语体选择表现出与母语者很不一样的特征，日语母语者交际场景和中日跨文化交际场景[②]的语体使用情况差异很大；（2）学习者的语体选择个体之间差异显著。考察影响学习者语体选择的因素，除"社会条件、心理条件、语境条件"（足立さゆり，1995）外，本研究还发现了学习者身上特有的原因，如：语体知识欠缺，注意力持续困难，容易受对方说话方式影响。

8名学习者中有7名没有根据对话者的年龄选择语体；其中6名没有区分使用语体的意识，6名中的3名甚至不考虑语体的语用功能；另外1名意识到应该根据对话者选择语体，但因为在会话中无法持续关注语体，即受注意

---

① "自言自语的自问方式"的日语表述为"独り言で自問する"。

② 母语者交际场景，日语表述为"母語場面"，英语表述为"native situation"；跨文化交际场景，日语表述为"接触場面"，英语表述为"contact situation"。

力持续性的限制,结果面向年长自己30岁的对话者使用了简体基本态。

母语者的语言行为也在很大程度上影响了学习者的语体选择。笔者通过话语分析发现,母语者的简体疑问句、修正性反馈、较难的日语表达,都会影响学习者的语体选择。受这些因素的影响,学习者的语体选择或呈现出能较好根据对话者区分使用的假象,或出现对长辈反而使用更多简体的奇怪现象。学习者容易受对方简体疑问句的影响而无意间使用简体进行回答;或者听不懂对方说的日语而用简体进行确认。从礼貌表达的角度考虑,以上语言行为的过度使用都是欠妥当的。

不同于母语者交际场景,在跨文化交际场景中经常出现意义协商和互动反馈,这也是促进二语习得的重要内容。在二语习得领域,协商互动是指会话参与者为理解彼此意思,或生成更准确的语言表达,或填补信息空缺而共同做出的努力,包含意义协商、形式协商和内容协商(徐锦芬、舒静,2020:870)。语料中出现的"修正性反馈"和"简单回音式"分别属于形式协商和意义协商,有助于产出正确、恰当的话语,解决交际中的理解问题,扫除交际障碍。本研究通过语料证明了协商互动对跨文化交际场景中的语体选择的影响。

以上研究结果显示,受各种因素的影响,学习者不能很好地根据对话者选择恰当的语体。笔者通过对学习者进行采访得知,教师在课堂上只是非常粗略地提一下敬体和简体的区别,对两者的语用功能及使用规则并没有做详细的讲解,也没有安排相应的练习。本研究结果进一步证实了"虽然语体在日语语言学习中是一个重点和难点,但对语体教学的不够重视也是较为明显的"(孟庆利,2015)。如果我们在目标语环境中学习日语,因为生活中接触母语者的机会较多,所以也有可能通过自然习得就能较好地掌握语体(上仲淳,1997)。但是,对于外语环境中的日语学习者来说,由于日常生活中接触日语的机会非常有限,因此有必要在日语教学中导入语体教学。

毋育新(2011,2013)倡导将语体选择、语体转换放到敬语教学的语境中进行思考,结合标记性理论、礼貌策略理论、话语礼貌理论,提出了有益的、现实可行的教学方法,值得借鉴。笔者建议在语体教学中还应考虑那些影响学习者进行语体选择的特殊因素,如对话者的简体疑问句、修正性反馈。

第五章　二语习得环境中的语体发展

第一节　日语母语者的语体选择

在考察学习者的语体发展规律之前,作为基线数据,本节分析日语母语者(JS1、JS2、JS3)的语体选择情况。分析数据以初次见面对话为主,同时参照访谈中了解到的语言规范与操作意识等。如第三章所述,初次见面对话的3个场景分别为:(1)〈对上〉:对话者JO1、JO2、JO3为60多岁,比调查对象年长。(2)〈对同〉:对话者JS1、JS2、JS3与调查对象同岁。(3)〈对下〉:对话者JY1、JY2、JY3比调查对象年少。

JS1、JS2、JS3在初次见面对话各场景中的语体选择情况如图5-1所示。柱状图的黑色部分表示敬体使用率,灰色部分表示简体使用率。另外,在〈对同〉中,JS2分别与JS1和JS3进行了会话,所以有两个数据。

从图5-1可以解读出JS的语体选择倾向为:(1)在〈对上〉中,所有人都选择敬体基调,且敬体比例高达90%左右。(2)在〈对同〉中,JS1-JS2组为简体基调,且话者双方均显示为90%以上的简体使用率,而JS2-JS3组则为敬体基调,话者双方的敬体使用率分别为87%、66%。(3)在〈对下〉中,JS1、JS3为简体基调,简体使用率高达90%以上,但JS2为敬体基调,敬体使用率为86%。

简言之,在〈对上〉中,3人的敬体使用率都非常高,但在〈对同〉和〈对下〉中,同时出现了敬体基调和简体基调。JS是基于怎样的规范来区分使用语体的呢? 以下通过对初次见面对话语料及采访中了解到的语言操作意识展开分析,探讨母语者在各个会话场景中的语体选择标准。

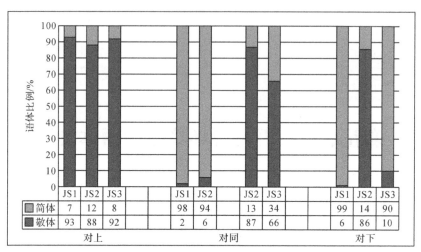

	JS1	JS2	JS3		JS1	JS2		JS2	JS3		JS1	JS2	JS3
简体	7	12	8		98	94		13	34		99	14	90
敬体	93	88	92		2	6		87	66		6	86	10
		对上				对同						对下	

图5-1 JS1—JS3在日语母语者交际场景中的语体选择

一、JS在〈对上〉中的语体选择

JS及其对话者JO在〈对上〉中的语体分布如图5-2所示。

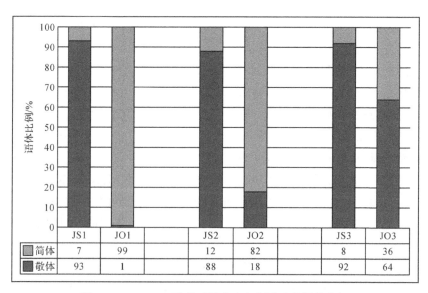

	JS1	JO1		JS2	JO2		JS3	JO3
简体	7	99		12	82		8	36
敬体	93	1		88	18		92	64

图5-2 JS1—JS3及其对话者在〈对上〉中的语体选择

从图5-2中可以看出,JS全员都选择了敬体基调,且敬体使用率高达约90%。这个结果说明,和60多岁的陌生年长者交谈时,选择高比例的敬体成为大学生之间的共识。关于这一点,JS1在接受采访时提到自己对对方年龄的认知及措辞上的注意点:"因为对方是年长者,所以我觉得应该注意一下自己的措辞。"同样,JS3也提到:"因为对方年龄较大,所以比起谈话是否开心,我更担心自己的说话方式和内容是否会让对方感到不快。所以,我会注意选择合适的话题,使用敬语,另外,不要让会话陷入沉默。"可以看出,除敬语之外,JS还注意话题选择、回避沉默等话语层面的操作。简言之,母语者的大学生在和长辈交谈时,会同时考虑话题内容、语言形式等多方面的要素。

三牧陽子(2002)指出:日本大学生在和高年级同学交谈时,按照日本社会规范,将基调语体设为敬体。在本调查中,大学生的对话者的年龄为60多岁,与三牧陽子(2002)的分析结果进行对比可以得知,两项研究中的大学生的敬体比例有所不同。大学生在与高年级同学的对话中使用2成—3成的简体(三牧陽子,2002)。但是,当对话者为60多岁的年长者时,简体比例则控制在1成左右。可以说,在和年龄差距较大的年长者交谈时,设定高比例的敬体基调(90%左右)是大学生的语体选择规范。至于对话者JO,有选择简体基调的(99%、82%),也有选择敬体基调的(64%)。此结果表明:上位者既可选择敬体基调,也可选择简体基调。

二、JS在〈对同〉中的语体选择

JS以及其对话者在〈对同〉中的语体选择情况如图5-3所示。

观察图5-3可知,JS1-JS2之间的基调语体为简体,另一组JS2-JS3的基调语体则为敬体。但是,两组之间有一个共通点:对话组显示相同的基调语体,表现出对称的分布。三牧陽子(2002)分析了交谈者双方为同一年级的19组对话后指出:简体基调为15组,敬体基调为4组,所有对话显示对称分布,没有一组例外。通过对会话以及话者的语言意识进行分析可知:大学生遵循"对等关系语境下选择同等礼貌程度的语体"这一社会规范。人们在交谈时,一边观察对方选择的语体,一边调整自身的语体,结果,两者呈现出相似的语体分布。在本研究中,笔者也观察到了话者之间动态调整语体的情形,下面结合话者的语言操作意识,展示语体调整过程。

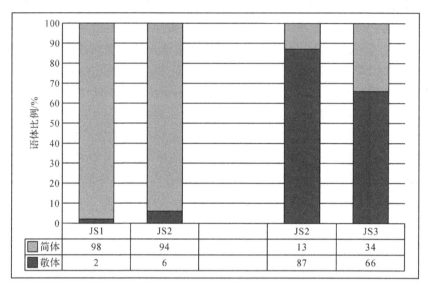

	JS1	JS2		JS2	JS3
简体	98	94		13	34
敬体	2	6		87	66

图5-3　JS1—JS3及其对话者在〈对同〉中的语体选择

JS1接受采访时这样回顾自身的语体选择:"当我听说对方和自己是同一年级后,就改用简体说话了,于是对方也做出回应,改用简体。"关于选择简体的理由,JSI解释道:"即使是同一年级的同学,使用敬语和非敬语时的距离感也是不同的,使用敬语表示自己还没放下戒备。当知道对方和自己是对等关系时,越快使用简体就越能拉近彼此间的距离。"JS2又是如何解释与JS1之间的关系以及进行语体选择的呢? JS2回答:"因为是同一个系、同一年级,而且介绍我俩参加这次调查的人也是我们的共同好友,所以很聊得来。""通过自我介绍,气氛变得融洽,使用'あー、そうだよ''そうだよね'等附和词,会话很顺畅。"

接下来,看另一组JS2-JS3的语体选择情况。JS3这样评价对JS2的印象:"对方是个很冷静的人,虽然不至于害怕,但不是我擅长的类型。交谈时,我比较拘谨,还有点紧张。"关于语体选择,JS3回顾道:"因为对方看上去像是一个比较注重礼仪礼节的人,加上一般情况下初次见面都用敬语,所以我就使用敬语(敬体)了。"关于对此次谈话的感想,JS3表示:"一直都用敬语说话,感觉彼此之间有距离感,自始至终没能拉近距离。"

三牧陽子(2002)指出:大学生在和同一年级的同学进行初次见面对话时,如果优先考虑"上下关系",则会基于"同等意识""同伴意识"而选择简体基调;如果优先考虑"亲疏关系",则会基于初次见面的疏远感而选择敬体基调。从本调查的采访和语体分布也不难看出,大学生在语体选择上存在个人偏好,JS1和JS3倾向于选择简体[①],而JS2倾向于选择敬体。不过,从两组对话的语体选择都呈对称分布这一结果来判断,人们并不是一味地坚持自己的偏好,而是一边观察对方的语体选择,一边相互协商、动态调整。

　　以下围绕语体选择的比例展开讨论。如图5-3所示,设定简体基调的JS1-JS2,两人都选择90%以上的简体;而设定敬体基调的JS2-JS3,两人分别选择了87%、66%的敬体。三牧阳子(2002)指出:设定简体基调的同年级组共15组30人,其中,简体比例为70%—89%的仅有3人,其余27人的简体比例均在90%以上,少量的敬体集中出现在会话开始后20秒内,即在简体基调确立前。换言之,"选择简体基调的调查对象,除会话刚开始的时间段外,基本上一直在使用简体"(三牧阳子,2002:64)。而敬体基调的情况有所不同,由于时不时出现由敬体切换到简体的下行转换,因此,虽然总体上敬体占优势,但简体也达到20%—30%,整个会话呈现敬体、简体交替出现的景象(三牧阳子,2002)。

　　如图5-3所示,在本次调查中,选择敬体基调的JS2-JS3,使用率分别为13%和34%,此结果与三牧阳子(2002)提出的20%—30%的简体使用率略有出入。为什么呢? 观察会话可以发现,每当谈到共同点时,如学院相同、朋友在同一社团,JS3都尝试以此为契机,将对话切换到简体基调,但是,JS2并没有做出积极的回应,而是继续使用敬体。于是,JS3选择了折中的方法:一方面保持敬体基调,另一方面积极使用"自言自语式的发话""心情的直接表露"等"不直接指向听话人的简体句"(三牧阳子,2000)。这类简体句的使用,既能顾及持有不同语言规范的JS2的心情,又能缓解敬体基调带来的生硬感、拘束感。出于上述原因,比起坚持使用敬体的JS2(简体使用率为13%),JS3的简体比例显得较高(简体使用率为34%),两者在语体选择上没有呈现完全对称的分布。

---

　　① JS3就日常生活中如何选择语体做了如下说明:"我平时和外国留学生接触的机会比较多,他们一般对日本很感兴趣,态度友好,所以我也没什么顾虑。但是,如果对方是日本人的话,他可能会在意礼貌问题,所以我也会比较注意。"由此可见,对话者的属性,即是否为母语者,会影响JS3的礼貌规范意识。关于这一点,可以参考伊集院郁子(2004)。

由于本研究的调查人数较少,因此,作为基线数据,日语母语者在〈对同〉中的语体选择标准参考三牧陽子(2002)的分析结果,见表5-1。

表5-1　日本大学生在〈对同〉中的语体选择

基调语体		语体比例
基调语体	选择标准	
简体	优先考虑上下关系 重视同等意识和同伴意识	·简体占90％以上(敬体只出现在会话开头) ·使自身的语体比例接近对方
敬体	优先考虑亲疏关系 重视初次见面的疏远关系	·选择2成—3成的简体 ·使自身的语体比例接近对方

注:笔者根据三牧陽子(2002)的调查结果制表。

三、JS在〈对下〉中的语体选择

图5-4为JS及其对话者在〈对下〉中的语体选择。

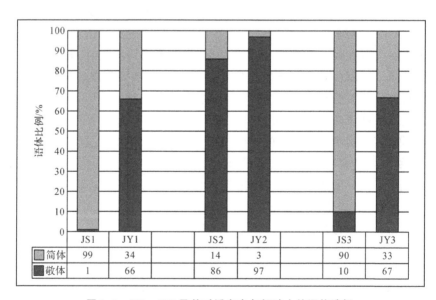

图5-4　JS1—JS3及其对话者在〈对下〉中的语体选择

从图5-4可知,JS1、JS3为简体基调,JS2为敬体基调。作为对话者的JY,3人无一例外地选择了敬体基调。三牧陽子(2002)分析了不同年级的大学生之间的会话,归纳出其基调语体的不同组合模式及每种模式的数量(表5-2)。

表5-2 日本大学生"异年级组"基调语体的组合模式

对称与否	基调语体		组数(男生/女生)
	上位者 (高年级组大学生)	下位者 (低年级组大学生)	
非对称模式	[0]	[+]	9(5/4)
对称模式	[+]	[+]	6(1/5)
	[0]	[0]	3(3/0)

从表5-2可知,不同年级的大学生在进行初次见面对话时,其基调语体的组合模式分为三种:(1)非对称模式,即高年级组学生选择简体基调,而低年级组学生选择敬体基调;(2)对称模式Ⅰ,即双方都设为敬体基调;(3)对称模式Ⅱ,即双方都设为简体基调。基调语体的设定具有一定的性别倾向:女生集中在(1)与(2),其中(1)为4组,(2)为5组,基本各占一半。本研究的调查结果与此保持一致,非对称模式(1)为2组,双方均选择敬体基调的对称模式(2)为1组。需要注意的是,上位者既可以选择敬体基调,也可以选择简体基调,但下位者需选择敬体基调。关于该规范,三牧陽子(2002)指出:如果上位者优先考虑"上下关系",重视上位者意识的表达,那么其会选择简体基调;如果上位者优先考虑"亲疏关系",更加重视初次见面的疏远关系,那么其会选择敬体基调。至于下位者,则同时考虑场景因素中的"上下关系"和"亲疏关系"的结果,选择敬体基调。

在本研究的采访中,调查对象也提到了相似的语体规范意识。例如,JS1说道:"谈话时首先询问年龄,一旦知道对方的年龄比自己小,我就改用简体说话了。"这反映了JS1出于上位者意识选择简体基调的语体操作。低年级的JY3说道:"初次见面,首先会用敬语交谈,然后过渡到简体。但是,因为对方比我大,是三年级的学姐,所以我就一直用敬语了。"可见,JY3在考虑上下关系的基础上,选择了敬体基调。另外,作为下位者的JY2回顾道:"因为对方先做的自我介绍,说自己是三年级,所以我马上就知道她是学姐了。""对方也使用敬语,用非常礼貌的口吻和我说话,这让我觉得更加应该注意自己的措辞了。"JY2的语体规范意识非常直观地体现在语体分布上：对话者JS2的敬体比例为86％，而JY2的敬体比例高达97％，比对方高出11％。笔者将上述分析结果概括为表5-3。

表5-3 日本大学生在〈对下〉中的语体选择

上位者		下位者	
基调语体	选择标准	基调语体	选择标准
简体	优先考虑上下关系，重视上位者意识的表达	敬体	同时考虑上下关系和亲疏关系
敬体	优先考虑亲疏关系，重视初次见面的场景因素		

四、日语母语者的语体选择小结

作为基线数据的日语母语者，是如何根据对话者的年龄区分使用语体的呢？JS1只在〈对上〉中选择了敬体基调，其敬体比例为93％，在〈对同〉和〈对下〉中则选择了简体基调，其简体比例分别为98％和99％。JS2除了和JS1的会话之外，在其他会话中都选择了敬体基调，敬体比例分别为88％、87％、86％。JS3在〈对上〉和〈对同〉中分别以92％、66％的比例选择了敬体基调，在〈对下〉中则以90％的比例选择了简体基调。

从上述分析结果可提炼出以下几点语体选择规范：(1)面对60多岁的年长者时，使用高比例(90％左右)的敬体是大学生之间的共识。(2)当对话者为同一年级的同学时，按照"同等立场的交际者之间应该使用同等礼貌程度的语体"这一社会规范，话者双方围绕语体选择进行协商，其结果表现为不仅两者的基调语体相同，而且各语体的比例也非常相近。在该场景中，如果优先考虑"上下关系"，则双方都选择简体基调，如果优先考虑"亲疏关系"，则双方都选择敬体基调。(3)当对话者的年级低于自己时，话者如果优先考虑"上下关系"，则选择简体基调，如果优先考虑"亲疏关系"，则选择敬体基调。

三牧阳子(2002)指出：在决定基调语体的诸因素中，例如上下关系和亲疏关系，应该优先考虑哪一个，并没有一个统一明确的标准，需要话者自行判断，而且存在因交际对象不同而改变优先顺序的可能性。既然优先顺序由话者根据语境自行判断,那么影响判断的因素具体有哪些？笔者通过比较分析 JS 在〈对同〉中的语体选择情况,提炼出影响"上下关系"和"亲疏关系"的优先顺序的主要因素有两个:(1)个人偏好,即更倾向于使用敬体,还是更倾向于使用简体;(2)交际对象,即对话者选择什么语体,以及交际者之间的心理距离。关于〈对下〉中影响优先顺序的因素,本次调查只观察到个人偏好这一项,但笔者认为交际者之间的心理距离也是重要影响因素之一,关于这一点,今后需增加调查人数进行验证。

第二节　学习者 C1 的语体发展

在上一节中,作为基线数据,笔者探讨了日语母语者的语体选择状况。接下来,笔者将追踪 3 名学习者在日本留学一年期间的语体发展状况,记述其发展轨迹,探讨其发展规律。首先,本节分析学习者 C1 的语体发展。

为把握整体上的变化趋势,笔者将 C1 在调查各期、各会话中的语体选择整理成图 5-5。关于图 5-5 中的标记,"第一期"指刚到日本时,"第二期"指到日本后半年,"第三期"指到日本后一年。

C1 在调查各期的语体选择情况如下:(1)第一期,在〈对上〉和〈对下〉中选择了敬体基调,而在〈对同〉中选择了简体基调;(2)第二期,在〈对上〉和〈对下〉中选择了简体基调,而在〈对同〉中的敬体比例为 56%,稍高于简体比例;(3)第三期,3 个会话都为敬体基调,而且比例相近,在 60%—70% 的区间内。

与基线数据(JS)的分析结果进行比较后发现,C1 的语体选择具有以下特征:(1)在〈对上〉中,JS 的 3 人都显示为敬体基调,而且敬体比例高达 90% 上下,但是,C1 的敬体比例在三期中分别为 73%、37%、63%,远低于 JS。(2)在〈对同〉和〈对下〉中,如果选择简体基调,JS 会使用 90% 以上的简体;如果选择敬体基调,则会使用 2 成—3 成的简体。与此相对,C1 在简体基调中使用 70% 左右的简体(69%、74%),此外,敬体基调中的敬体比例常常处于 50%—60% 的区间内,可以说整体上没有很明确地区分使用语体。

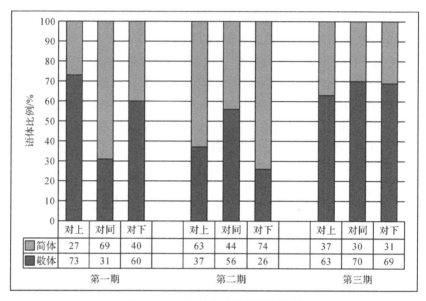

	简体	敬体
对上	27	73
对同	69	31
对下	40	60
	第一期	

图5-5　C1在调查各期的语体选择

简言之,C1的语体选择在很多方面表现出与母语者不同的倾向。下面将通过会话语料及访谈资料,探讨C1在每个调查时期的语体选择。

一、C1在"第一期"中的语体选择

(一)语体数量分布

在调查第一期,C1和对话者的语体分布如图5-6所示。

首先来看〈对上〉中的语体选择。C1在接受采访时表示因为对方的年龄较大,所以一直注意使用"です・ます"体。即,C1根据年龄差引起的上下关系而选择敬体基调。这一点与JS的选择标准是一致的。但是,如前文所述,C1的敬体比例仅为73%,相比JS约低了20%。出现该差距的原因是什么?分析C1使用的简体句后发现:16个简体句中有15句是没有附加"です・ます"的名词、形容词谓语句("+φ①")。为什么名词、形容词谓语句易成为简体句呢? 寺尾綾(2010)指出其原因为:如果是动词谓语句,必须在"ます/非ます"中择其一;而名词、形容词谓语句,只要说出名词、形容词就已完成语义的表达,因此,如果不特别注意在句尾加上"です"的话,就会变成"+φ"简

---

① 详见第七章。

体句。此外,与母语者交际场景相比,跨文化交际场景中的初次见面对话,由于话者间缺乏共同背景知识,因此出现较多围绕语言、文化等内容的意义协商,在意义协商的过程中学习者较多地使用"+φ"简体句(田鸿儒,2023)。简言之,跨文化交际场景中存在较多诱发"+φ"的语境,在此背景下,学习者容易无意识地使用"+φ"简体句。该问题将在第六章中进行深入的探讨。

接下来,笔者对〈对同〉和〈对下〉中的语体选择进行分析。观察图5-6,可以发现C1的语体分布特征如下:(1)两个对话的基调语体都与对话者保持一致。(2)〈对同〉显示不对称的语体分布:对话者JS1的简体比例为93%,而C1停留在69%。

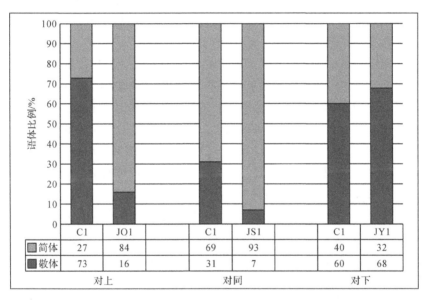

	C1	JO1		C1	JS1		C1	JY1
简体	27	84		69	93		40	32
敬体	73	16		31	7		60	68
	对上			对同			对下	

图5-6 C1及其对话者在调查第一期中的语体选择

(二)语体选择标准

以下对会话语料及访谈中了解到的语言使用意识进行分析,探讨C1的语体选择标准。

首先,值得关注的是,关于对话者的年龄,C1与母语者的认知存在差异。C1认为,〈对同〉〈对下〉的对话者"年龄都差不多",都属于"同龄人"。但是,母语者对年龄的认知更加清晰,如前文所述,她们仅仅因为相差两个年级就意识到上下关系。由此可见,C1和母语者对年龄的判断有所不同。关于这

中国日语学习者语体转换能力发展研究

一点,笔者将在3名学习者的分析全部结束后再做深入探讨。

将〈对同〉〈对下〉的对话者都视为"同等"关系的C1,在会话中又是根据什么标准选择语体的呢? 可以将其语体选择的特征可归纳为以下两点:(1)与对话者的语体保持一致。(2)从敬体转换到简体的时间点晚于对话者。

就第一点,关于初次见面对话时的语体选择,C1道出了自己的困惑:"和第一次见面的人谈话,不太清楚应该使用敬体还是简体。"问其理由,C1解释道:"上大学时,老师曾说过和初次见面以及不熟悉的人说话时应该使用敬体,但是,来到日本后,当我和第一次见面的同班同学使用敬体时,对方说敬体太正式了,不需要。[1]自那以后,和同班同学聊天时,我就改用简体了。"

当被问到会话收录时如何选择语体时,关于〈对下〉,C1回答说:"一开始两人都使用敬体,但在交谈的过程中,对方自然而然地变成了简体,所以我也渐渐地变成了简体。"关于〈对下〉的语体使用情况:"会话一开始,我考虑应该选择哪个语体,因为对方使用了敬体,所以我也一直使用敬体。"从采访中可以看出:C1仔细观察对话者的语体使用情况,并选择与之相同的语体。对照语言意识和语体分布(〈对同〉和〈对下〉都呈现出与对话者相同的基调语体),C1的语体选择标准及原因可总结如下:跨文化交际场景中的语言实践,与留学前掌握的语体规范之间出现矛盾,C1虽感到困惑,但她积极发挥主观能动性,重新建构语体选择规范,即"让自身的语体与对方保持一致"。

接下来分析第二点:由敬体转换到简体的时间晚于对话者。既然C1意识到要和对方的语体保持一致,那么为什么〈对同〉中的简体比例却比对方低了24%呢? 以下通过比较会话中母语者和学习者的语体变化考察其原因。为了便于观察,笔者以每3分钟为单位,将简体使用率的经时变化绘制成图5-7。横轴表示时间,纵轴表示简体比例。

从图5-7可知,母语者JS1从会话一开始就呈现出简体基调,而且随着时间的推移,简体比例递增,会话开始6分钟后简体使用率达到100%。与此形成鲜明对比的是,学习者C1一开始呈现简体基调,但到第二阶段(3—6分)变成了敬体基调,6分钟后又再次变回简体基调,之后简体比例逐渐上

---

① 以职场人士为调查对象的宇佐美まゆみ(1995)指出:按照日本的社会规约,在初次见面对话中,应该将敬体设为基调语体。以大学生为调查对象的三牧阳子(2002)、伊集院郁子(2004)则提出:很多大学生在初次见面的早期阶段就使用简体,这体现了日本年轻人重视积极礼貌策略的社会现象。

升,12分钟后达到100%。比较母语者和学习者的语体变化情况,JS1从会话一开始就确立了简体基调,而且始终保持着该基调,而C1则花了较长的时间来确立简体基调。

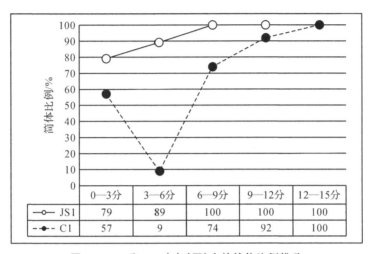

图5-7 C1和JS1在〈对同〉中的简体比例推移

为什么C1在第一阶段使用的简体会多于第二阶段?第一阶段的简体句共12句,其中名词句的回答为4,名词句的提问与复述各为2,意义协商的确认要求为2。根据田鸿儒(2016)的研究结果,以上简体句易出现在跨文化交际初次见面对话的初期阶段。在做自我介绍时,学习者主动提供个人信息,或者围绕个人信息进行自发性说明、意义协商,在该语境下,学习者经常无意识地使用简体。也就是说,会话第一阶段的简体基调,并非学习者有意为之。

综上所述,C1确立简体基调是在会话开始6分钟之后。为什么在基调语体的设定中,C1会落后于JS1呢?下面根据语言意识和会话语料对其进行探讨。关于JS1的语体选择,C1回答说:"她一开始使用的是敬体,但在聊天的过程中逐渐变成了简体。"但是,如图5-7所示,JS1在会话的早期阶段就切换到了简体。而C1却认为对方是"逐渐"变为简体的,可以说C1没有确切地把握语体切换的时机。以下,借助语料,论证上述分析的妥当性。

会话示例5-1是在两人互相介绍完姓名和大学后进行的会话部分。关于会话符号,〈对同①〉是指在第一期调查中与同年级同学之间的会话。观察会话的语体变化,一开始C1和JS1都选择敬体(01—13),但随后JS1以两人之间有共同的熟人为契机(11、13),马上切换到了简体(09→15),之后也一直持简体,还使用关西方言(25)。①但是,C1一直保持着敬体。这种非对称的语体分布,一直持续到会话开始6分钟左右的地方,即C1切换到简体基调的时刻。

　　(1)会话示例5-1　〈对同①〉　C1:学习者,[0]
　　　　　　　　　　　　　　　　JS1:同等的母语者,[0]
　　　　　　话题:从校园说到留学

	C1	JS1
01 C1:A大学のBキャン/パスですか?	(+)	
02 JS1:　　　　　/そうです。		
03 JS1:Bです。		(+)
04 C1:あ、そうですか。		
05 JS1:はい。		
06 C1:私、Cのキャン/パスです。	(+)	
07 JS1:　　　　　/あ、そうなんや。		
08 C1:ん。		
09 JS1:中国人の知り合いがいるけど、その子 　　　もCって言ってました。		(+)
10 C1:あ、そうですか。		
11 C1:一緒ですよ。	(+)	
12 JS1:はい。		
13 C1:一緒に日本に来て、/Aに入って、　/専 　　　門も一緒です。	(+)	
14 JS1:　　　　　　/あ、そうなんや。/あ、 　　そうなんだ。		
15 JS1:え、じゃ、みんな留学生グループみたい 　　な感じで、仲いい?		(0)

_____

①　如研究方法中所阐述的那样,"そう"系表达须从其他视角进行考察,所以将其排除在分析对象之外。

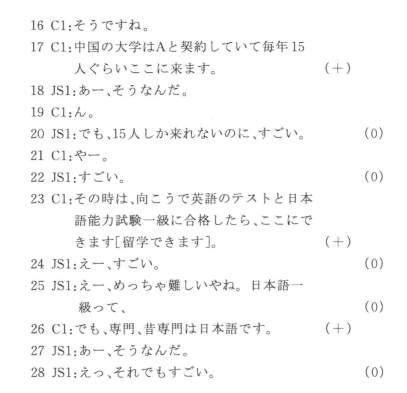

16 C1:そうですね。

17 C1:中国の大学はAと契約していて毎年15
　　　人ぐらいここに来ます。　　　　　　（＋）

18 JS1:あー、そうなんだ。

19 C1:ん。

20 JS1:でも、15人しか来れないのに、すごい。（0）

21 C1:やー。

22 JS1:すごい。　　　　　　　　　　　　　（0）

23 C1:その時は、向こうで英語のテストと日本
　　　語能力試験一級に合格したら、ここにで
　　　きます［留学できます］。　　　　　　（＋）

24 JS1:えー、すごい。　　　　　　　　　　（0）

25 JS1:えー、めっちゃ難しいやね。日本語一
　　　級って、　　　　　　　　　　　　　（0）

26 C1:でも、専門、昔専門は日本語です。　（＋）

27 JS1:あー、そうなんだ。

28 JS1:えっ、それでもすごい。　　　　　　（0）

　　三牧陽子(2002)对母语者交际场景的初次见面对话展开调查后指出：同一年级的大学生在会话时，一边注意对话者使用的语体，一边进行相互调整，结果，不仅基调语体相同，连各语体的分布都非常相近。具体表现为：简体基调的同年级组，双方的简体比例均在90%以上，少量的敬体只出现在会话开始后20秒内。相较于母语者交际场景的动态调整，C1和JS1在语体方面缺乏共识，无法巧妙地进行相互协商，结果，两人确立简体基调的时间不一致，简体比例也不同。

　　综上所述，在与同龄人进行初次见面对话时，C1的语体选择标准是：观察对话者如何选择语体，并使自己的语体与之保持一致；在简体基调的对话中，母语者在较早阶段就切换到简体，但C1却在会话中途才切换到简体，结果，C1的简体比例远低于母语者。

　　第一期中C1的语体选择标准，可总结如下：(1)在〈对上〉中，C1根据话者间因年龄产生的上下关系设定敬体基调，但是，受语言因素的影响，敬体比例远低于基线数据。(2)在〈对同〉〈对下〉中，有别于基线数据，C1将两个场

景都判断为"同等"关系。在语体选择上,由于留学前掌握的语言规范和留学后的语言体验之间出现不一致的现象,C1在感到困惑的同时,积极重构语体选择标准,使自己的语体与对方保持一致。但是,在简体基调的对话中,母语者在较早阶段就从敬体切换到简体,而C1却从中途才切换到简体,结果,其简体比例远低于母语者。

二、C1在"第二期"中的语体选择

(一)语体数量分布

在调查第二期,C1及对话者的语体选择情况如图5-8所示。

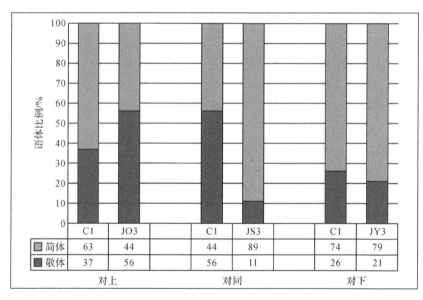

	C1	JO3		C1	JS3		C1	JY3
简体	63	44		44	89		74	79
敬体	37	56		56	11		26	21
	对上			对同			对下	

图5-8 C1及其对话者在调查第二期中的语体选择

C1在〈对上〉和〈对下〉中选择了简体基调(63%、74%),在〈对同〉中虽然两种语体的差距甚微,但敬体略占优势(56%)。C1是以怎样的标准来选择语体的呢?

(二)语体选择标准

值得注意的是,C1的〈对上〉显示为简体基调。如前文所述,作为基线数据的母语者,在〈对上〉中的敬体使用率高达90%。另外,C1在第一期中也选择了敬体基调。为什么C1在第二期的〈对上〉中呈现简体基调呢?以下

通过分析C1的语言接触情况及初次见面对话语料,探究其原因。

　　首先,关于留学前后日语接触环境的变化情况。就留学前的语言学习环境,C1回忆道:日语的使用仅限于课堂,几乎只使用敬体。留学后,使用日语的主要场景为大学和兼职。在大学,到日本不久后,C1就和同班同学用简体交谈。4月升入研究生院后,与同学的接触变得更加频繁,课堂之外使用日语的主要场景是在研究室里和同学聊天,交谈时使用简体。C1在留学三四个月后,开始在一家超市打工,做收银员的工作,在打工的地方和同事聊天时也使用简体。问其原因,C1回答:兼职的同事多为四五十岁的家庭主妇,因为对方用简体和自己搭话,为了迎合对方,自身也选择简体。当问及为什么选择与对方一样的语体时,C1解释道:"因为对方跟我说简体,我觉得很亲切,如果自己继续使用敬体的话,可能会拉开距离,所以选择了简体。"综上所述,第二期调查时,C1的日语接触环境可归纳为:简体的占优势,简体的输入较多,简体的输出也较多。

　　以下通过话语分析,考察〈对上〉显示简体基调的原因。首先,关于对话中的语体变化情况,在0—6分,敬体比例为56％,而在6—15分,简体比例达到81％。即,以6分为界,语体由敬体基调切换到简体基调。在对话结束后的采访中,C1回顾道:"谈话时使用了'です・ます',但后半段时不时不小心会冒出简体来。"C1主观上认为,自己在〈对上〉中主要使用敬体,但在会话的后半部分,时不时下意识地使用了简体。"在会话后半段,有时使用简体",C1的内省印证了在调查第二期简体处于优势。但是,和C1所说的"有时使用简体"不同的是,事实上6分之后一直显示简体基调。可见,C1的内省与实际情况并不完全相符。观察对话,会话双方交换个人信息后,围绕JO3的工作,C1提问、JO3回答的会话形式持续到5分30秒左右。随后,话题转移到C1的兼职上,C1讲述了工作的艰辛和遇到的烦心事,以下为对话节选部分(会话示例5-2)。

　　(2)会话示例5-2 〈对上②〉 C1:学习者,[0]
　　　　　　　　　　　　JO3:年长的母语者,[＋]
　　　　　　　　话题:超市收银员的兼职工作
01 JO3:だって、あれ、打つの間違えませんか?
02 C1:1回だけ。
03 JO3:1回だけ?{びっくりした声で}
04 C1:千円多かった。

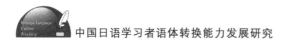

05 JO3:多かった？

06 C1:でも、おおかっても［多くても］、/しから、怒られた。
　　　　｛感情的に｝

07 JO3:　　　　　　　　　　　　　/誰も文句言わな
　　　かったんでしょう。

08 JO3:多くても怒/られた？

09 C1:　　　　　/そうそうそう。

10 JO3:厳しい/ですね。

11 C1:　　　　/そうですね。

12 JO3:んーーー。

13 JO3:あのう、お客様は、文句ゆってこなかったんでしょう？

14 C1:〈1秒〉あ、そのことよくありますよ。^^

15 JO3:^^

16 JO3:/じゃ、これ

17 C1:/ある時、洗剤のほうと食品のほう、その日私ちょっ
　　　と、急いで、別の袋に入れなかった。

18 JO3:〈0.5秒〉はい。

19 C1:そのおか、おばあさん怒った。

20 JO3:あー、/なるほど。

21 C1:　　　/あかん、あかんって。

22 JO3:あ、種類別にしないと、/あかん。

23 C1:　　　　　　　　　　　/そう。

24 C1:そうそうそう。

25 C1:「なんでこれは袋別に、くれなかった？」｛お客さんの
　　　口調をまねして怒った声で｝

26 JO3:それは、驚かれたでしょう？

27 C1:ん。

28 JO3:ねえ？

29 C1:そう。

　　02和04分别为名词谓语句和形容词谓语句，对学习者来说，这些属于易变成简体的话语句。值得特别关注的是，在06的动词谓语句中，C1也使用

了简体。在本会话示例前,C1说了一句:"毎回バイトが終わったら、疲れる。すごくすごく。"(每次打工结束后都很累,特别特别累。)同样是简体句。听会话录音不难发现,两句话的共同之处为:情绪比较激动。这可以解释为:C1平时习惯使用简体,所以当她情绪激动时,容易忘记礼貌问题,脱口而出无标形式的简体。可以说,情感因素是C1从敬体切换到简体的直接诱因。

紧挨着会话示例5-2,C1再次谈及她在打工中遇到一些顾客不讲理的情况。在描述时,同样使用了简体,如,"日本語もそんなに聞き取れなかった。"(我也不太能听懂日语。),"私、分からなくて、ずっとレシートとお金を一緒に渡した。"(我不懂,就一直把小票和钱一起递过去。)等讲述完打工中的遭遇,切换到其他话题时,C1还是保持简体,没有回归到敬体。如"知っている?"这类直指听话者的疑问句,C1也使用简体。

根据以上分析结果,C1在〈对上〉中显示简体基调的主要原因可归纳为以下两点:(1)日常生活学习中,接触简体的机会较多,简体成为C1的无标语体;(2)受情感因素的影响,情绪激动时无法关注语言形式,下意识地使用简体。

接下来探讨C1在〈对同〉〈对下〉中的语体选择标准。〈对同〉中的敬体比例为56%,而〈对下〉中的简体比例达到74%。下面根据语言意识和会话语料,考察〈对同〉〈对下〉的语体选择标准。

关于相对年龄的认知,与第一期相同,无论哪个对话者,C1都认为"年龄差不多"。关于〈对同〉中的语体选择,C1说:"最初对方和自己都使用了'です・ます',但后来渐渐变成简体。"关于〈对下〉中的语体选择,C1回顾道:"一开始两人都使用敬体,但在交谈的过程中,应该是两人都变成了简体。"无论哪个对话,C1认为对方都和自己一样,即一开始使用敬体,随着时间的推移,逐渐过渡到简体。该选择标准与第一期相同:选择与对方相同的语体。但事实是,两位对话者都选择了简体基调(89%、79%),而C1却在两个会话中使用不同的基调语体:〈对同〉中敬体稍占优势(56%),〈对下〉则为简体基调(74%)。为什么C1按照同一标准选择语体,但是两个对话的语体分布却不同呢?以下对会话中语体的经时变化进行分析,考察其原因。

〈对同〉中的语体变化情况如图5-9所示。横轴表示时间,纵轴表示简体比例。

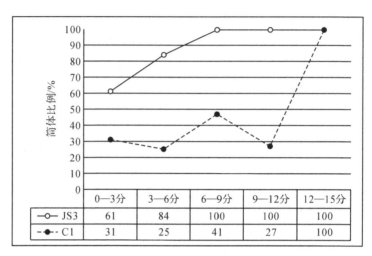

图5-9　C1和JS3在〈对同〉中的简体比例推移

从图5-9可以看出：JS3从会话一开始就显示简体基调，但C1在会话进行到12分之前一直是敬体基调，在12—15分的最后一个阶段，简体比例骤增。促使C1从敬体基调切换到简体基调的因素是什么呢？ 以下对12分前后的会话进行分析。

（3）会话示例5-3　〈对同②〉　C1:学习者,[＋]

　　　　　　　　　　　　JS3:同等的母语者,[0]

　　　　　　　　话题:从大学校园说到英语学习

01 JS3:自分何回かD〔C1のキャンパス〕行ったことあるけど、

　　　　/駅からが遠いよね。

02 C1：/そうですか。

03 C1:んー、えっ、駅から、南草津/駅ですか?

04 JS3:　　　　　　　　　　　　　/そうそうそうそうそう。

05 JS3:遠くない?結構、①

06 C1:遠くないです。

07 JS3:うそ。

---

①　日语口语中，"、"在末尾可表示"倒置文"（倒装句）。此处正常顺序为"結構遠くない?"。下文中多处口语例句中出现此类情况,不再标注。

08 JS3:遠いって思う。

09 C1:遠いと思う。

10 C1:え、バスで?

11 JS3:ううん、歩いたら/結構あるやん。

12 C1:　　　　　　　　　/あ、歩いたら、/遠いですよ。＾＾

13 JS3:　　　　　　　　　　　　　　/そう。

14 JS3:なんか、U祭って分かる?

15 JS3:4月に入ってきた1回生が、/なんかやるやん。
　　　　/イベント、

16 C1:　　　　　　　　　　　　/あ、そう。
　　　/あ、そうそう、そうですね。

17 JS3:そう。

18 JS3:それの時に、バスがもういっぱいいっぱいやから、
　　　　歩かないといけなくて【【

19 C1:】歩いて半時間ぐらいかかります?

20 JS3:たぶん30分以上かかると思う。

21 JS3:もっとかかったかも。

22 JS3:一時間近くかかって、めっちゃ大変やった＾＾。(＾＾)1
　　　　回生の時、

23 JS3:でも、まあ、いい運動にはなるけど。

24 C1:んー。

25 JS3:あと、やっぱ、まあ遊ぶことも、あんまりO〔C1が勉
　　　　強しているキャンパスの所在地〕だとないよね。

26 C1:O。

27 C1:　/やー。

28 JS3:　/そう。

〈0.5秒〉

29 C1:英語がすき?

30 JS3:英語すき。＾＾

31 C1:すき。＾＾

32 JS3:/でも

33 C1:/いつから?

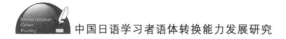

34 C1：小さい時からずっと学んできた？

35 JS3：ううん、普通に中学校で勉強始めて。

36 JS3：日本は、中学校1年生、13歳で、初めて英語を学校で
習ったけど、でも、最初はきらいやって。

37 C1：最初は嫌い？

38 JS3：そう。

39 JS3：最初はぜんぜん、/好きじゃなくて

40 C1：　　　　　　　/いつから好きになった？^^

　　在会话示例5-3中，直到28为止，都显示为JS3使用简体、C1使用敬体的不对称状态。但是，29的疑问句"英語がすき？"（你喜欢英语吗？），C1在提出新话题的同时，突然切换到简体，之后一直使用简体。可以说，C1并没有意识到，她是以新话题为契机，从敬体基调切换到简体基调的。

　　与第一期的〈对同〉一样，对话者在会话的较早阶段就设定好简体基调，但是，C1在会话的较晚阶段才从敬体切换到简体。由于交际者双方从敬体切换到简体的时间点不一样，结果，JS3显示为简体基调，C1却显示为敬、简体参半。在采访中，关于C1的说话方式，JS3发表了感想："虽然没有使用程度很高的敬语，但印象里她应该是用敬语和我说话的。"关于C1使用敬语的理由，JS3推测说："课堂上学的是敬语吧。"

　　以下分析〈对下〉中的语体变化情况。和〈对同〉一样，笔者将双方的简体比例变化情况绘制成折线图（见图5-10）。

　　如图5-10所示，话者双方的简体比例呈现出同升同降的变化趋势。观察会话后发现，此现象为JY3进行言语调节（趋同）的结果。其背后的社会规范是：社会低位者选择的语体，其敬语程度不能低于高位者。从图5-10中可以看出，C1在6分左右的时候确立敬体基调，这个时间点远远晚于母语者交际场景。C1是如何从敬体基调切换到简体基调的呢？以下结合会话语料进行考察。当会话进行到6分左右的时候，C1以疑问句的方式"えっ、どっち？男性のほうが多い？"（咦？哪个？男性更多吗？）提出新话题，语体也从敬体切换到简体。此处的语体转换的理由和〈对同〉一样：转换话题的同时进行下行转换。两者的不同仅在于切换的时间点：〈对同〉是在会话进行到12分左右的时候，而〈对下〉为6分左右的时候。简言之，从敬体切换到简体的时间点的不同，是造成两个会话基调语体不同的原因所在：

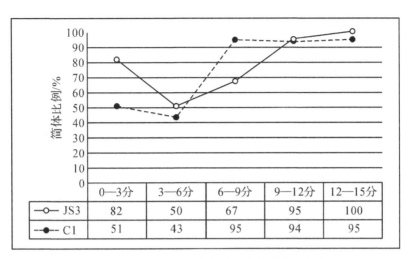

简体比例/%

	0—3分	3—6分	6—9分	9—12分	12—15分
─○─ JS3	82	50	67	95	100
─●─ C1	51	43	95	94	95

图5-10　C1和JY3在〈对下〉中的简体比例推移

〈对同〉确立简体基调的时间为12分前后,[＋]为56％;〈对下〉确立简体基调的时间为6分前后,[0]为74％。

　　C1在〈对同〉和〈对下〉中的语体选择标准都和第一期一样:与对方的语体保持一致。但是,在实际对话中,由于C1从敬体切换到简体的时间点不同,因此两者呈现出不同的语体分布。另外,在两个会话中,从敬体切换到简体的原因都是使用简体提出新话题。在采访中,关于从敬体切换到简体的时间点,C1回答道:"日本人在初次见面对话时,至少前半部分是使用敬体。"可见,C1主观上认为:从敬体基调到简体基调的切换应该出现在会话的后半段。该认识与母语者大学生在会话的较早阶段就确定简体基调的事实不符。出于上述原因,无论在哪个对话中,C1的简体比例都较低。

　　C1在第二期调查中的语体选择标准可总结如下:(1)在〈对上〉中,由于情绪波动,C1没有将注意力放在语体上,结果会话中途无意识地从敬体转换到无标形式的简体,最终呈现出简体基调。(2)在〈对同〉〈对下〉中,与第一期一样,C1认为两个对话者都是"同等"关系;选择语体时,主观上注重与对方保持一致,实际语体行为表现为,在会话开始阶段选择敬体,随着时间的推移逐渐切换到简体。(3)C1和基线数据的主要区别体现在:母语者在较早阶段就从敬体切换到简体,而C1在较晚阶段才切换到简体。结果,C1的简体比例较低,或基调语体不明确。

三、C1 在"第三期"中的语体选择

(一)日语接触环境与语体意识

在探讨语体之前,笔者先对日语接触环境及语言使用意识进行梳理。在第二期调查时,无论在大学还是在打工的地方,C1 都以简体使用为主,第三期是否也处于同样的语言环境呢?下面分别从大学和兼职这两个场景对语言接触进行总结。首先,在大学里,C1 说进入第二学期后,和日本同学接触的机会变得很少。这是因为日本同学除上课外不怎么来学校,所以在研究生院与他们交谈的机会也就自然而然地减少了。此外,与 C1 一起上课的同学,大部分是中国留学生,C1 表示:在这样的环境中,大学里经常和中国人用汉语交流。

此外,在打工的超市中,发生了对 C1 的语言意识产生较大影响的事件。T 是一名日本女大学生,比 C1 晚四五个月到超市打工,年龄上比 C1 小 1 岁。T 与 C1 有过两三次交谈后,向 C1 提出自己是否应该使用敬语的问题,并且说明了这样询问的缘由:在日本,对比自己大的人应该使用敬语。自此以后,当 C1 和四五十岁的同事聊天时,就不再使用简体了,而是改用敬体。对此,C1 解释说:"T 只比自己小一岁,都如此在意敬体使用问题,这让我意识到面对年长自己许多的长者应该使用敬体。"打工场景中的交际对象,除了四五十岁的主妇,还有 18—21 岁的大学生。关于和大学生交谈时的语体使用,C1 说道:"有人一直用敬体,也有人用简体说话,大概是因为每个人性格不一样吧。如果对方用简体和我说话,而且和我年龄差不多或比我小的话,我也会用简体回应对方。"可见,与 T 之间的对话成为 C1 修正语体规范的契机,即缩小简体的使用对象范围,对简体使用抱更为谨慎的态度。

(二)语体数量分布

以下就 C1 在第三期的语体选择进行分析。图 5-11 为 C1 及对话者的语体选择。

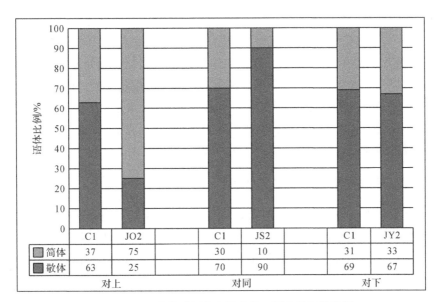

图5-11　C1及其对话者在调查第三期中的语体选择

如图5-11所示,C1不仅在所有对话中都使用敬体基调,而且语体分布也非常相似:敬体比例处于60%—70%的区间内。

(三)语体选择标准

以下基于C1的内省,对语体选择标准进行探讨。

首先,关于〈对上〉,"因为对方的年龄比我大,所以用了'です·ます'体。"可以理解为:C1根据相对年龄判断上下关系后将基调语体设为敬体。然而,比起基线数据高达90%的敬体使用率,C1只停留在63%。对会话进行分析后发现其原因为:C1无意识地使用较多的名词、形容词简体谓语句,即＋φ,此现象和第一期的分析结果一样。

接下来探讨C1在〈对同〉中的语体选择。关于对交际对象的印象,"我觉得对方不太和善,也不太开朗,不像其他日本人那样热情、主动。虽然是同龄人,但共同话题却比JO2还少"。C1表达了两人之间的疏远感。关于语体选择,"她一直使用'です·ます'体。以前和别人交谈时,说着说着就会变成简体,但是这次没有,所以我也选择了'です·ます'体"。由此可见,C1选择与对方相同的语体,这与第一期、第二期一样。

C1在〈对下〉中是否也按照同样的标准来选择语体呢?关于对JY2的印象,"虽然不是特别能说的类型,但是平易近人,容易产生亲近感"。可见,C1

对JY2的印象较好。在谈到对方所使用的语体时,C1回顾道:"几乎都在用'です·ます'体,偶尔也会用简体。"在谈到自己的语体使用时,C1回忆说:"整体上几乎都在用'です·ます'体,有时也会自然地说几句简体。"从以上采访可以看出:C1在〈对下〉中也选择与对方同等礼貌程度的语体。

C1在第三期的语体选择标准可概括为:(1)在〈对上〉中,基于由相对年龄所产生的上下关系,选择敬体基调;(2)在〈对同〉〈对下〉中,将两个场景的对话者都判断为同辈关系[①],选择与对方相同的语体。

四、C1 的语体选择与发展小结

以上按照时间序列对学习者C1在一年调查期间的语体选择进行了描述,并对其语体选择标准及发展进行了考察,其调查结果可总结为表5-4。由于意识上的语体选择标准与实际言语行为之间有出入,所以笔者将两者分开整理。

表5-4 学习者C1的语体选择与发展

场景	意识上的语体选择标准	行为上的语体选择结果
〈对上〉	·基于由年龄引起的上下关系,选择敬体基调(第一——三期)	·受语言因素(＋φ)的影响,敬体比例较低(第一——三期) ·受语言接触环境及心理因素(情感、注意力)的影响,语体选择与规范之间有时出现相背离的现象(第二期)
〈对同〉〈对下〉	·受汉语语言文化的影响:将同年级、低年级等同龄人均视为"同等"关系(第一——三期)	·简体基调:交际者双方没有围绕语体选择展开协商互动;C1晚于对方从敬体切换到简体,结果,简体比例较低(第一——二期)
〈对同〉〈对下〉	·在国内高校掌握的语体规范与留学后的语言接触之间出现矛盾(第一期) ·重新建构语体选择标准:选择与对方相同的语体(第一——三期)	

〈对上〉

(1)从第一期到第三期,C1始终认为:需根据因相对年龄产生的上下关系选择敬体基调。这一点与基线数据一致。

---

① C1在接受采访时表示:从大学生(18岁)到30岁左右都属于同辈关系。

（2）下意识的"＋φ"（没有附加"です"的名词谓语句、形容词谓语句等），是造成敬体使用率较低的重要原因。三期调查中，敬体使用率依次为73％、37％、63％，而基线数据的敬体比例高达90％。

（3）C1在日常生活学习中接触简体较多，因此简体也成为她的无标语体形式。会话中，当她情绪激动时，无法将注意力放在语体上，此时会无意识地切换到优势语体（简体），结果呈现出简体基调。

〈对同〉〈对下〉

（4）按照日本社会规范，几岁的年龄差就可形成上下关系。而中国社会以更大的尺度——辈分来判断人际关系。C1受母语规范的影响，把同年级组和低年级组的交际对象都判定为同龄人，都属于同等关系。

（5）留学前大学所教授的语体规范（初次见面应该使用敬体）和留学后的语言接触（初次见面的同学没用敬体）之间出现矛盾，C1虽然感到困惑，但是重新建构了语体选择规范：使自己的语体与对方保持一致。

（6）在简体基调的对话中，母语者在会话的较早阶段就从敬体切换到简体，而C1却在较晚阶段才切换。其结果是，C1的简体使用率远低于母语者，如果切换的时间较晚，甚至显示为敬体基调。

C1的语体发展轨迹可总结如下：赴日留学后，在大学和打工等地方，通过语言接触积累各种经验，主动探索、调整语体选择规范。从多次出现简体使用对象的调整中可以管窥，基于从语言社群中获得的二语接触，C1不断地（再）建构语体使用规范。与基线数据相比，C1的特征可总结如下：（1）在判断交际对象的相对年龄及由此引起的上下关系时，受母语，即汉语社会文化规则的影响，发生了母语迁移；（2）受语言因素"＋φ"和心理因素（情感、注意力）的影响，出现较多与主观意识无关的语体使用；（3）在与"同等"关系的交际对象会话时（〈对同〉〈对下〉），交际双方没有围绕基调语体的设定展开协商互动，C1迟于对方从敬体切换到简体。关于上述三方面的中介语特征，在一年调查期间C1始终没有注意到存在的问题。

第三节　学习者C2的语体发展

本节分析学习者C2的语体发展情况。C2在调查各期中的语体选择如图5-12所示。

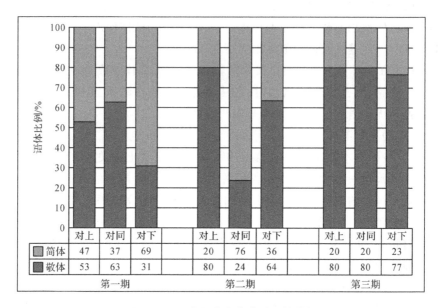

	对上	对同	对下		对上	对同	对下		对上	对同	对下
▢ 简体	47	37	69		20	76	36		20	20	23
▢ 敬体	53	63	31		80	24	64		80	80	77
	第一期				第二期				第三期		

图 5-12　C2 在调查各期中的语体选择

从图 5-12 可知,在〈对上〉中,无论哪一期,C2 都保持敬体基调。观察〈对同〉和〈对下〉,第一期、第二期与第三期的语体选择有所不同:在第一、二期,〈对同〉和〈对下〉中一个是敬体基调,另一个则是简体基调;但在第三期,两个都为敬体基调,且语体比例非常相近(80%、77%)。值得注意的是,第三期中各场景的语体分布非常相似,敬体比例都在 80% 上下。

下文通过对初次见面对话语料及采访资料的分析,探析 C2 的语体选择标准及习得规律。

一、C2 在〈对上〉中的语体选择

与〈对同〉〈对下〉不同,在三期调查中,面对 60 多岁的对话者,C2 始终保持敬体基调。以下通过分析 C2 的语言意识,探索其语体选择标准。

首先,就第一期〈对上〉,C2 推测对话者 JO2 的年龄为 50 岁左右。关于对 JO2 及谈话的印象,C2 说道:"她去过中国,了解中国,所以和她交流起来很轻松。""和一般日本人不同,她会主动向我提问,所以我不用花心思去考虑话题,交流很顺畅。"可以说,C2 对 JO2 的印象较好,对两人之间的交谈也很满意。关于自身在会话时的注意点,C2 提到:"因为对方是长辈,为表示尊敬,我使用了敬体。"从以上C2的叙述中可以了解到:她将比自己年长近40岁的JO2视为长辈,在语言行为上,为表示尊敬选择敬体。然而,如图5-12所示,C2的敬体使用率停留在53%,远远低于基线数据的90%。

为什么C2的敬体使用率会如此之低? 笔者对其简体话语句进行分析后发现:32个简体句中,27个(84%)为名词、形容词的"+φ"简体句。可以解释为:C2下意识地使用"+φ"是造成敬体使用率低的原因所在。

综上所述,C2在第一期〈对上〉中的语体选择标准是:为表达对年长者的敬意,选择敬体基调,但在实际对话中,受语言因素"+φ"的影响,敬体比例停留在较低的水平。

接下来看第二期〈对上〉中的语体选择。C2对交际对象JO1的印象,"她很会照顾留学生的心情,人很好,很温柔"。关于自身的语言表达,"第一句话我没有使用敬语①,觉得非常失礼,所以后来就一直注意使用敬语。"可以看出,C2有意识地选择敬体。对于使用敬体的理由,C2表示:"因为第一次见面,而且对方是长辈。"可见,和第一期一样,C2考虑到交际对象的年龄而设定敬体基调。

在第三期中,C2对交谈者JO3的印象是"平易近人,很有共鸣"关于自身的语言行为,C2回忆道:"全程用了敬语。"并对选择敬体的理由做了补充,"尊老爱幼是中国传统思想美德,无论用哪国语言说话,都应该尊敬长辈,这是出于文化层面的考量。"可以说,C2受中国社会文化规范的影响,将敬体理解为对长辈表达敬意的语言手段。

简言之,从调查第一期到第三期,C2始终将〈对上〉的交谈者定位为长辈,并在语言方面选择敬体以示敬意。但是,受语言因素的影响,特别是第一期,敬体比例停留在较低的水平。

二、C2在〈对同〉〈对下〉中的语体选择

接下来探讨C2在〈对同〉和〈对下〉中是如何选择语体的。第一、二期和第三期的语体选择看上去有所不同,因此,笔者将第一、二期放在一起讨论,第三期另行分析。

---

①　C2所指的第一句话是,面对JO1的提问:"日本に来て何年?"(你来日本几年了?),C2回答说:"半年間。"(半年了。)。此类名词谓语句,对学习者来说,容易下意识地使用简体,即"+φ"现象。

(一)C2在"第一期""第二期"中〈对同〉〈对下〉的语体选择

第一期调查时,C2及对话者在〈对同〉〈对下〉中的语体选择如图5-13所示。

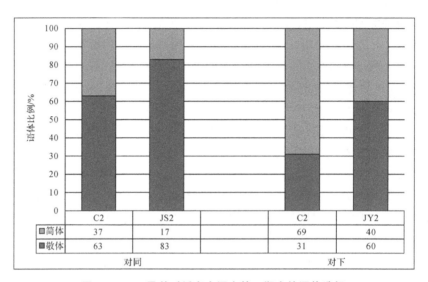

图5-13 C2及其对话者在调查第一期中的语体选择

从图5-13可知,对话者JS2和JY2都选择敬体基调,但是C2在〈对同〉中显示敬体基调,在〈对下〉中却显示简体基调。C2是以怎样的标准来选择语体的呢?

在会话结束后的采访中,关于对话者的年龄,C2认为〈对同〉的交谈者"差不多同一个年级",〈对下〉的交谈者"因为是一年级生,所以应该是19、20岁左右吧"。C2在谈到与年龄相关的人际关系时说道:"小到17、18岁,大到36、37岁,都视为同龄人。也就是说,像我妹妹那样的年龄,高一、高二算是比自己小,像父母那样40岁以上的人则不属于同辈。"由此可见,C2并不在意几个年级或几岁的差异,将两位对话者视为"同龄""同等"。下面就C2和"同等"关系的人对话时如何选择语体展开探讨。

关于语体意识,C2在接受采访时说:"不用在意语体"(〈对同〉),"没有观察对方的说话方式"(〈对下〉)。问其理由,C2回答说:"当对方是长者时,为了表示尊敬,应该使用敬体,但是其他人就没必要使用那么尊敬的形式了,所有我没注意。"可见,C2的观念可概括为:对长辈应该使用敬体,但是和同辈交谈时就没必要在意语体问题了。C2的语体意识是如何形成的呢？她指出："尊老爱幼是中华民族的传统美德，无论用哪国语言说话，都应该对长辈表示尊敬，这是文化层面的问题。"可以说，C2受中国社会文化规范和社会语言学规则的影响，把敬体定位为对长辈表示尊敬之意的语言手段。加上大学同学不一定使用敬体的语言接触经验，C2形成了自己的语体规范：和同辈交谈时无须注意语体问题。

既然C2把〈对同〉和〈对下〉的对话者都判定为同辈、同等关系，那么为什么两者的基调语体会不同呢？C2讲述了对两名交谈者的印象："JY2可能是因为在学中文的关系，对留学生尤其是中国留学生比较了解。""她主动问我问题，交谈很顺畅。"JY2给C2留下较好的印象，心理距离也较近。谈起对JS2的印象，C2表示："不太开朗，第一印象不是很好。不主动说话，所以只能我努力找话题来维持会话。不好交流，真的很累。"可以说，C2对JS2的印象不佳，有心理距离。将以上采访结果与基调语体（〈对下〉：[0]；〈对同〉：[＋]）进行对照后不难发现：C2根据与对话者之间的心理距离进行语体选择。

接下来，笔者通过分析C2在〈对下〉中如何从敬体切换到简体，来论证上述推论的合理性。对话一开始，C2向对方提问："A大学ですか?"（你是A大学的学生吗？）、"何年生ですか?"（你几年级？）、"どうして中国語を選びましたか?"（你为什么选择中文专业？）、"出身地はどこですか?"（你老家哪里？）等等。通过交换个人信息，C2了解到：JY2是中文专业的学生，她的老家奈良和自己的故乡一样都是古都。从录制的视频里可以观察到，JY2一直面带微笑，态度温和、友善。JY2的表情和态度也使C2觉得她"开朗、平易近人"。通过简单的交流，C2感觉两人之间的距离拉近了。心理距离的变化马上体现在接下来的语言形式中："中国に行ったことはある?"（你去过中国吗？）、"つもり[予定]はある?"（你打算去吗？）、"どこに行きたい?"（你想去哪里？）。显而易见，C2使用的疑问句，从之前的敬体切换到了简体。简言之，伴随着心理距离的缩短，语体从敬体切换到了简体。而在心理距离较远的〈对同〉中，笔者没有发现上述语体操作。

以上探讨了C2在第一期〈对同〉〈对下〉中的语体选择情况。C2直言：在和同龄人进行初次见面对话时，无须注意语体问题。但是，分析对照她对交谈者的印象与对话中的语体变化可知：C2是根据心理距离来选择语体的。

接下来探讨C2在第二期〈对同〉〈对下〉中是如何选择语体的。图5-14为C2与对话者的语体分布情况。

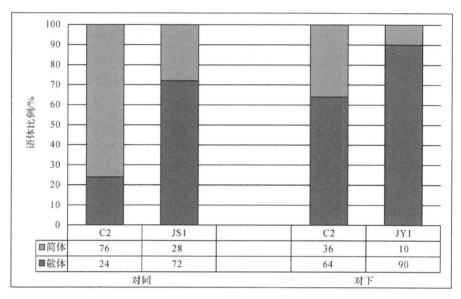

图5-14　C2及其对话者在调查第二期中的语体选择

从图 5-14 可以发现：对话者都为敬体基调，敬体比例分别为 72%、90%，但是 C2 在〈对同〉中显示简体基调，在〈对下〉中显示敬体基调。以下对 C2 的语体选择标准进行分析。

关于对〈对同〉的交谈者 JS1 的印象，C2 说道："印象很好，她是一个非常开朗、直率的人，很容易亲近。"然而，她对〈对下〉的交谈者 JY1 的印象则是："和 JS1 不同，感觉她是一个非常重视礼仪的人。因为她非常讲礼貌，所以我也不能很随便。""其实没必要那么拘谨，像和朋友一样说话就好了。"由此可以推测：C2 在第二期中同样是根据心理距离选择语体的。

既然 JS1 和 JY1 都设定敬体基调，那么为什么 C2 对两者的心理距离会不一样呢？观察会话后发现，JS1 一直在努力活跃气氛。例如，使用生动活泼的语气语调开玩笑："なんでそんなに日本語がうまいんですか？^_^"（为什么你日语那么好？^_^），"いま親とか、地元の子と電話したら、'えっ？えっ？日本語?'ってなると思いますよ。^_^"（现在和父母还有老家的人打电话时，偶尔会反应不过来，"咦？咦？这是日语吗？"^_^）。除此之外，在话题方面，JS1 讲述了去中国旅行之类的经历，这些操作也拉近了彼此之间的心理距离。诸如此类的积极礼貌策略，JS1 使用得较多，这让 C2 觉得 JS1 平易近人。

　　而JY1的说话方式则显得"非常礼貌"。C2指出："因为她很讲礼貌,所以我自己也要注意措辞。""和JS1聊天时,因为感觉她是一个很直率的人,所以我说话也很轻松随意,但是对JY1还是有些顾虑的。"观察C2和JY1之间的对话可以发现,JY1不仅选择高比例的敬体(90％),而且还使用表敬程度更高的尊他语,如:"日本に来られてどれぐらいですか?"(您来日本多久了?)、"だから、こんなにお上手ですね。"(所以您说得这么好啊。)。JY1的语言行为给C2留下了非常礼貌的印象。

　　综上所述,在第二期的〈对同〉〈对下〉中,C2同样是根据心理距离来选择语体的。这一分析结果与上仲淳(2007)的报告一致:学习者根据心理距离远近来选择语体。可见,根据心理距离选择语体,是一部分学习者之间的共通礼貌意识。决定C2和对话者之间的心理距离的因素,除语体外,本调查还发现了以下语言、非语言特征:尊他语、玩笑、话题、语气、笑容等。

(二)C2在"第三期"中〈对同〉〈对下〉的语体选择

　　C2及其对话者在调查第三期〈对同〉〈对下〉中的语体分布如图5-15所示。

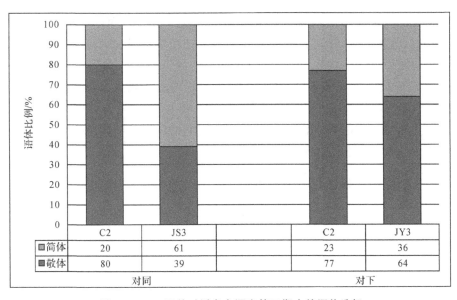

图5-15　C2及其对话者在调查第三期中的语体选择

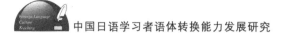

JS3以61％的比例显示简体基调,JY3以64％的比例显示敬体基调,而C2在两个会话中都显示敬体基调,且敬体比例相近,在80％左右。如前文所述,C2在〈对上〉中的敬体比例为80％。因此,C2在3个对话中都呈现敬体基调,且语体比例近似。

C2在第三期中的语体选择标准,是否与第一、二期相同? 如果不同,又有何变化?

关于对话者,C2表示两人都很"开朗""容易亲近""没有隔阂,非常融洽"。关于自身的语言使用情况,C2回顾道:"完全没在意自己的说话方式,因为完全没在意,所以说话的时候可能敬体和简体混在一起使用。""反正无论我用敬体还是简体,对方都能听懂,她们也不会在意这些吧。对交谈者而言,重要的是说话内容,而不是形式。"通过C2的阐述可以发现:在第三期中,C2也同样认为面对"同等"关系的对话者,不需要注意语体问题。

接着,笔者对C2在3组会话中的语体分布如此相似的原因进行考察。观察3组会话可以发现,其中有一个共通点:"敬体+よ/よね"的使用率非常高,依次为80％、62％、63％,但是"简体+よ/よね"却只有2句。因此,可以判断C2在3组会话中的语体分布之所以如此相似,和终助词"よ""よね"的使用有关。换言之,C2将"です/ます+よ/よね"作为句法结构上未分化的一个整体大量使用,结果表现为无论和谁谈话,其语体分布都很相似。后续采访时,笔者向C2确认了终助词"よ/よね"的使用状况,她表示完全没意识到该问题。

综上所述,在调查第三期中,C2持有同样的语体规范意识:面对〈对同〉〈对下〉的"同等"关系,无须注意语体问题。但是,在实际对话中,"です/ます+よ/よね"被作为一个不可分割的整体,它的过度运用[①]引发了每个会话的语体分布非常近似的现象。

三、C2的语体选择与发展小结

以上对学习者C2的语体选择及发展进行了讨论,主要分析结果如表5-5所示。

---

① "过度运用"的英语表述为"overproduction",日语表述为"過般化",是指过度使用目标语中的语法规则、语义特征等泛化现象(森山新,2000)。

表5-5　学习者C2的语体选择与发展

场景	意识上的语体选择标准	行为上的语体选择结果
〈对上〉	·为了对长辈表示尊敬,选择敬体 (第一——三期)	·受语言因素"＋φ"的影响,敬体比例较低 (特别是第一期)
〈对同〉 〈对下〉	·受母语社会文化知识的影响: 将同年级和低年级都判断为"同等"关系 (第一——三期)	·基于与对话者间的心理距离选择语体 (第一——二期) ·"です/ます＋よ/よね"句式的过度运用,造成每组对话的语体分布近似 (第三期)
	·受母语社会文化知识和社会语言学规范的影响: 认为敬体是对长辈表达敬意的语言手段 (第一——三期) ·受语言接触经验的影响: 大学同学对自己并非都使用敬体(第一期) ·和"同龄人"对话时,不必在意语体问题 (第一——三期)	

〈对上〉

(1)遵循"尊老爱幼"的中华传统美德,认为对年长者应该表达敬意。遵循汉语社会文化、社会语言规范,作为向年长者表达敬意的语言手段,三期都选择敬体基调。

(2)"＋φ"的无意识使用影响敬体比例,尤其是第一期,敬体比例仅为53%。

〈对同〉〈对下〉

(3)受母语社会文化知识的影响,C2基于辈分判断人际关系,将同年级和低年级的对话者均认定为"同等"关系。

(4)受母语的影响,C2把敬体阐释为对长辈表达敬意的语言手段,加上留学后日本同学对她并非都使用敬体,C2形成了自己的语体规范:和同龄人谈话时无须注意语体。

(5)实际谈话中,C2在第一、二期根据与对话者之间的心理距离选择语体;但在第三期,由于过度使用"です/ます＋よ/よね",3个会话都显示敬体基调,且语体比例近似。

综上所述,C2的语体发展特征可归纳为以下两点:(1)受母语社会文化、社会语言规则的影响较大。(2)无意识地使用语体的现象较普遍。关于第一点,C2遵循敬老的思想道德,因此在〈对上〉中为表达对年长者的敬意,表现出非常强烈的敬体使用规范意识。此外,面对〈对同〉〈对下〉等"同等"关系时,受跨文化交际场景中的语言接触经验的影响,C2认为无须考虑语体问题。关于第二点,可以从以下两点管窥:在〈对同〉〈对下〉中,与C2自身叙述的语体选择标准不同,事实上她根据心理距离选择语体;由"＋φ""です/ます＋よ/よね"等语言内部因素引起的语体转换,同样属于无意识的语言行为。

第四节　学习者C3的语体发展

本节讨论C3的语体选择与发展。C3在调查各期中的语体选择结果如图5-16所示。

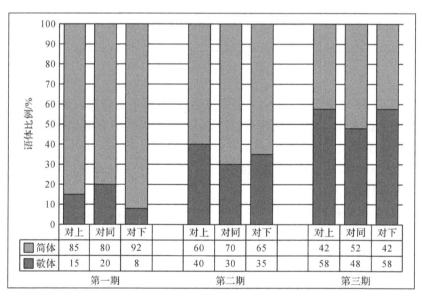

图5-16　C3在调查各期中的语体选择

观察图5-16,C3的语体选择倾向可总结为以下三点:(1)在调查第一期中,3组会话都呈现简体基调,且比例均在80％—90％的区间内。(2)第二期也一样,所有对话都显示简体基调,但相比第一期,简体比例有所下降,在60％—70％的区间内。(3)在第三期中,所有对话都呈现敬简体参半的分布特征,以致较难判断哪一个才是基调语体。另外,比起第一、二期,第三期的简体比例更低,处于42%—52%的区间内。

综上所述,C3的语体选择、语体发展特征可总结为以下两点:(1)使用简体较多,尤其是第一、二期,所有会话均为简体基调。但是在一年调查期间,简体比例呈递减的趋势,每期约下降20%,第三期首次出现敬体基调。(2)在任何一期中,3组会话的语体分布都非常相似。换言之,C3没有根据交际对象区分使用语体。

以下,结合会话语料中观察到的相关日语产出,以及采访中了解到的语言接触情况和日语使用意识,对C3的语体选择展开讨论。

一、C3的语体特征一:简体频次高

在调查第一、二期中,C3的所有对话都显示简体基调;在第三期中,首次出现敬体基调,但敬体比例也较低(58%)。日语母语者和学习者C1、C2也会选择简体基调,但是她们在〈对上〉中几乎无一例外地选择敬体基调。观察会话示例5-4,C3似乎无所顾忌地使用简体。

(4)会话示例5-4 〈对上①〉 C3:学习者,[0]
JO3:年长的母语者,[0]
话题:JO3声音嘶哑的原因

		C3	JO3
01 C3:/おはよ、はじめまして。			
02 JO3:/はじめまして。			
03 JO3:私、あのう、月曜日に(はい)、			
トルコから帰ってきたばかりで【【			
04 C3:】トークル?		(0)	
05 JO3:ト、ル、コ。＾＾			(0)
06 C3:トルコ。{笑いながら}		(0)	
〈0.5秒〉			
07 C3:トルコはどこ、どこ(＾＾)ですか?			
{笑いながら}		(＋)	
08 C3:ごめんごめん。		(0)	
09 C3:トルコ?		(0)	
10 JO3:あなたはどこの国ですか?			(＋)

11 C3:中国。 (0)

12 JO3:あ、中国ですか。 （＋）

13 C3:はい。

14 JO3:はい。

15 JO3:でー、帰ってきたばかりで、風邪引い
ている（あー）わけじゃないけど、はしゃ
ぎすぎて声が出ない。 (0)

16 C3:あー、そうですね。

17 JO3:ごめんなさいね。 （＋）

18 C3:いいえいいえ、大丈夫。 (0)

19 C3:/え、大丈夫ですか？ （＋）

20 JO3:/きき

21 JO3:きき、ありがとう。 (0)

22 JO3:聞きにくいかもしれないけど。 (0)

23 C3:あ、いいえいいえ、全然大丈夫。 (0)

24 C3:大丈夫大丈夫。＾＾ (0)

25 JO3:本当？ (0)

26 JO3:聞こえる？ (0)

27 C3:聞こえる。 (0)

28 C3:あ、気をつけてね。 (0)

在会话示例5-4中,除了疑问句"トルコはどこですか?"(土耳其在哪里?)和"大丈夫ですか?"(没事吧?)之外,C3始终使用简体,如"ごめんごめん。"(抱歉抱歉。),"気をつけてね。"(要注意身体哦。),等等。一遇到疑问句就从简体切换到敬体的现象,C3自身也察觉到了,在会话结束后的采访中她表示:"很奇怪,提问时用的是'です·ます'体,陈述句却用'る'体。比如,向别人提问时会说'行きますか'(去吗),但回答别人问题时却用简体。"上仲淳(2007)也指出:学习者通常不考虑礼貌问题,只是将"ですか/ますか"作为疑问句的标记。

在〈对同〉会话示例5-6中,JS3使用敬体,C3使用简体,呈现出不对称的语体分布。

(5)会话示例5-5 〈对上①〉 C3:学习者,[0]

JS3:同等的母语者,[0]

话题:年级、大学、学院

	C3	JS3
01 C3:え、いまなんけい、何回生?	(0)	
02 C3:/大学生?	(0)	
03 JS3:/いまさん		
04 JS3:3回生です。		(+)
05 C3:3回生。	(0)	
06 JS3:はい。		
07 C3:えーー。		
08 C3:どんな[どこの]大学?	(0)	
09 JS3:あっ、T大学です。		(+)
10 C3:えっ、同じ。{興奮してトーンが高い}	(0)	
11 JS3:はい、同じです。		(+)
12 C3:えっ、どんな[なに]学部?	(0)	
13 JS3:えーと、私文学部です。		(+)
14 C3:文学部。	(0)	

又如下文的会话示例5-6,除了"そうですか。"(这样啊。)和"そうですね。(这样啊。)"(是啊。)等附和语外,C3一直使用简体。田鸿儒(2023)指出,诸如"そうですか""そうですね"之类的"そう"系附和语,学习者往往不考虑礼貌和变体问题,只是将其作为一个整体加以记忆、储存和提取。换言之,敬体附和语为无意识产出。

(6)会话示例5-6 〈对下①〉 C3:学习者,[0]

JY3:年少的母语者,[+]

话题:大学、年级、年龄等

	C3	JY3
01 C3:えっ、どこの大学、/大学生?	(0)	
02 JY3: /えーと		
03 JY3:はい。		

04 C3：んん。

05 JY3：/Q大学の1回生です。 　　　　　　　　　　（＋）

06 C3：/あ、Q大学　。 　　　　　　　　　（0）

07 C3：1回生。 　　　　　　　　　（0）

08 C3：年寄りか。＾＾ 　　　　　　　　　（0）

09 JY3：いやいやいや。{笑いながら}

〈0.5秒〉

10 JY3：/はい。

11 C3：/あー、そうですか。

12 JY3：だから、えーと、〈1秒〉20歳、1988年
　　　　 生まれです。 　　　　　　　　　　（＋）

13 C3：1988年。 　　　　　　　　　（0）

14 JY3：はい。

15 C3：あー、あ、そうですか。

16 C3：1988年。 　　　　　　　　　（0）

17 C3：1985年か。 　　　　　　　　　（0）

18 JY3：じゃ、ちょっと違います。 　　　　　　　　　　（＋）

19 JY3：3…/歳ぐらいですかね。 　　　　　　　　　　（＋）

20 C3：　　　/そうですね。

21 JY3：変わらないんです。＾＾ 　　　　　　　　　　（＋）

22 C3：やー、まあ、なんか、ん。

23 JY3：はい。

24 C3：私たちは留学生たち、T大学の、1回生
　　　　の基礎演習のクラスに入って、全部日
　　　　本人の学生たちが30人かな。 　　　　（0）

25 JY3：はい。

26 C3：私1人で中国人。 　　　　　　　　　（0）

27 C3：みんな1989年生まれる[生まれ]。 　　　（0）

28 JY3：あー、そうですね。

从以上会话示例中不难发现：C3不考虑语体的语用含义，在会话中一贯使用简体，这是她在语体选择上的一大特征。为什么C3自始至终都使用简体

呢? 以下基于采访中了解到的日语使用意识和二语习得环境,探究其原因。

　　关于日语使用意识,C3在会话结束后的采访中说道:"因为总在考虑聊天的内容,所以没注意语法和敬语问题。""其实我比较在意说话内容,语法则没太注意……也没怎么注意对方使用的语体。"(〈对上①〉)"我一直在想该说什么,其实我想内容想得比较多,没怎么考虑该如何使用日语,只顾着思考对方传达的信息以及自己要表达的内容,其实我平时就不太注意语法,随便说。"(〈对下②〉)"完全没考虑语法问题,思想一直集中在事情本身和说话内容上,想不起自己到底用的是'です・ます'体还是'だ'体。"(〈对同③〉)

　　从以上表述可以发现:C3没有把"注意力"焦点(Labov, 1966)放在语法、语体等语言形式上,而是更加关注信息内容。观察会话语料也不难发现,C3并不注重语法形态的正确处理。例如,"2月大学院に[を]、んー、受験[受験する]。"(2月有研究生考试。),"でも、男子は年齢が[を]そんなに重視しますか?"(但是,男生会那么重视年龄吗?),"ふせ[船]を[に]乗って"(乘船)。可见,C3经常用错"が""を""に"等助词。又如,"関西弁のほう理解にくい[理解しにくい]"(关西腔不好懂),不注意动词的活用形。OPI的诊断结果也证实了该倾向,第二次OPI测试的评语中,关于"会话能力的薄弱点",测试员评价道:"时不时语法有误。"由此可见,C3在谈话时优先考虑沟通是否顺畅的问题,而非语法是否正确、语体是否合适等语言形式问题。

　　为何不太注重语体问题的C3一直使用简体呢? 关于留学前的日语学习环境,C3回顾道:和日本人说话的机会非常少,不过对日本的青春偶像剧非常感兴趣,经常观看。关于日剧对日语学习的影响,C3说道:"日剧中的人物都是用'だ'体聊天,以至于我认为使用'ます'体是不是太奇怪了,于是不知不觉就形成了现在的说话方式。"对照内省与实际产出,可以推测:在留学之前的外语学习环境中,日剧是C3的主要日语输入源,由于深受电视剧中的日语表达的影响,C3习惯使用简体。

　　根据以上分析结果,C3多用简体的主要原因可归纳为以下两点:(1)对话时,比起语体等语言形式,更注重信息内容;(2)深受日剧影响,习惯使用简体,简体成为无标语言形式。出于以上两个原因,C3在对话时下意识地使用简体。

　　至此,从语言接触环境与语言使用意识的角度,本节对C3使用简体的原因进行了探讨,接下来对简体的纵向变化进行分析。关于C3的简体使用率,第一期约为80%—90%,第二期约为60%—70%,第三期约为40%—

50％,每一期约下降20％。促使简体使用率递减的因素是什么呢？以下分析C3留学后的二语习得环境,探究其原因。

C3留学四五个月后,开始在一家餐饮店打工。关于打工场景中的日语使用状况,C3说:"接待顾客的时候不能使用'だ'体。另外,一起打工的大学生对我用'ます'体,所以我也用'ます'体说话。"笔者从采访中了解到,C3在打工时以敬体使用为主。

关于大学里的语言使用情况,C3说:周围都是中国留学生,上课之外使用日语的机会很少,只有和一位日本同学在一起的时候才说日语。据C3介绍,她所在的研究生院,2/3以上的同学都是留学生,加上她平时不在研究生自习室学习,所以与为数不多的日本同学交流的机会非常少。

关于交友关系,C3说:"有时会和中国朋友,主要是同学,一起吃饭什么的,出去玩。"

由此可知,C3使用日语的主要场景仅限于兼职上课等正式场景。受这些场景中的日语输入的影响,C3逐渐习惯了敬体,因此初次见面对话中的简体使用率也随之递减。以上分析可以通过C3的内省得到印证:"以前和人说话时会不由自主地用'だ'体,但现在已经习惯'ます'体了,可能是在打工过程中习惯的。"可以说,兼职对C3的语体发展产生较大影响,她的无标语体形式逐渐由简体转变为敬体。

二、C3的语体特征二:没有根据对话者选择语体

如前文中的图5-16所示,在任何一期调查中,C3在3组对话中呈现的语体分布非常接近,换言之,C3没有根据对话者的年龄明确地区分使用语体。下面,笔者通过C3的语言意识,对此现象进行讨论。

首先,关于〈对上〉的对话,C3回顾道:"我好像没有使用'ます'体,虽然会话的时候注意到了,但因为一直在考虑说话内容,所以没有注意语法和敬语问题。但是,对于年龄比自己大的人,确实应该使用'ます'体。不过,当实际开口说话时,说出来的就不一定是'ます'体了。"(第一期)"尽量使用'ます'体,但急着表达的时候就随便说了,不礼貌也是没办法的。"(第三期)由此可见,在〈对上〉中,C3认识到自身与对话者之间的年龄差,规范意识上认为应该使用敬体,但在实际对话中,受注意焦点和语言接触的影响,无意中使用了大量的简体。调查三期中的简体比例依次为:第一期,85％;第二期,60％;第三期,42％。

接下来探讨C3在〈对同〉〈对下〉中的语体选择。C3是如何判断对话者的年级和年龄的? C3认为:〈对同〉的对话者"像新认识的同学"(第一期),"年龄相近"(第三期)。关于〈对下〉的对话者,她说:"比我小3岁,是大学一年级的学生。因为年纪差不多,感觉是同龄人。"(第一期)"二年级学生,感觉不到年龄差。"(第二期)即,C3认为〈对同〉〈对下〉的对话者都是"同辈""同龄"的关系。至于〈对同〉〈对下〉中的语体管理,如前文所述,C3将注意力焦点放在交谈的内容上,没有过多考虑语体等语言形式问题。其结果表现为,C3没有根据对话者的年龄选择语体,所有对话的语体分布都非常相似。

以上对C3没有根据交际对象区分使用语体的原因进行了讨论。每一期调查中3组对话的语体分布都非常相似的共同原因在于:C3没有把太多的注意力资源分配到语体上。然而,对语言意识进行分析后发现:C3在3组对话中的语体选择并非完全相同。在〈对上〉中,C3注意到相对年龄引起的上下关系,并持有须使用敬体的规范意识,但在〈对同〉〈对下〉中,C3将两位对话者都视为同等关系,没有考虑语体问题。本研究在对照实际产出与规范意识的基础上,探明了学习者在语体行为与意识上的乖离现象,这对中介语语体研究具有重要的启示意义。

三、C3的语体选择与发展小结

对于学习者C3的语体选择与发展,主要分析结果如表5-6所示。

表5-6　学习者C3的语体选择与发展

场景	意识上的语体选择标准	行为上的语体选择结果
〈对上〉	·注意到自身与对话者之间的年龄差,认为应该使用敬体(第一——三期)	·注意焦点放在信息内容上,而非语言形式上
〈对同〉〈对下〉	·受母语社会文化知识的影响:将同年级、低年级的对话者均视为"同辈"(第一——三期) ·会话时的注意焦点为说话内容,而非语体等语言形式(第一——三期)	·受日剧的影响,习惯使用简体 ·会话时,无意识地使用无标语体(简体) ·受兼职、课堂等正式场景的日语表达的影响,语体的无标形式逐渐从简体向敬体转变 ·敬体使用率递增,简体使用率递减

C3的语体选择与发展特征可总结为以下三点:(1)相较于其他两名学习者,C3的最大特征是使用较多的简体。第一、二期调查时,在所有对话中C3都显示简体基调。其主要原因可归结为以下两点:一是C3在对话时,将注意力集中在信息内容上,而非语法、语体等语言形式上;二是受青春偶像剧中通俗话语体的影响,简体成为C3的优势语体。受以上两个因素的影响,C3在对话时无意识地使用简体。(2)在三期调查中,简体以约20%的幅度递减,第三期时首次出现敬体基调。其主要原因是,受打工场景中的日语表达的影响,C3的无标语体形式逐渐从简体向敬体转变。(3)C3在三期调查中始终没有根据对话者区分使用语体。在〈对上〉中,虽然C3认识到自身与对话者之间的年龄差异,意识到应该选择敬体,但是由于优先考虑信息交流,因此语体分布与〈对同〉〈对下〉近似。

关于C3的语体发展,其显著特征可概括为:语言接触环境对其语体发展的影响,非常直观地反映在初次见面对话上。最初,受日本青春偶像剧中较随意的日语表达的影响,3个对话都为简体基调。后来,受打工场景中较正式的日语表达的影响,C3的无标语体形式逐渐由简体转变为敬体,初次见面对话中的敬体比例也以20%的幅度递增。此外,关于C3是否根据对话者的年龄区分使用语体的问题,每次调查中3组对话的语体分布都非常相似,因此结论是C3没有区分使用语体。其原因是:比起语体等语言形式,C3更加关心交谈的内容或沟通是否顺畅等交际层面的问题,把注意焦点放在后者上。对C3而言,可以说这是非常重要的学习策略与交际策略。但是,如果过度依赖该策略,认为只要不影响沟通就没必要发展语体转换能力,就会导致中介语停滞不前,最终造成石化(fossilization)。[1]

第五节　语体转换能力的发展

本章在讨论母语者的语体选择标准后,对学习者C1、C2、C3的语体选择情况、选择标准以及一年中的纵向发展进行了分析考察,本节对学习者的语

---

[1]　一般情况下,学习者语言——中介语,会朝着目标语方向不断发展,但是某些语言项目、语法规则会在不完整的状态下停止发展,并长期维持该状态,这种现象被称为"石化"现象(森山新,2000)。

体习得展开综合讨论。

学习者语体选择的第一个特征是：语言接触环境对3位学习者的语体习得都产生了较大的影响。具体表现为：C1不断地学习、吸收语言接触中的输入，多次调整、重新建构(restructuring)语体选择标准；C2观察、解释周围同学的语言产出，归纳出中介语特征显著的语体规范——和同等关系的人谈话时，不必在意语体问题；C3的日常语言接触环境直接决定她的无标语体形式，而无标语体形式又直接反映在语体选择上。可见，3名学习者的语体习得都或多或少地受到了语言接触经验的影响。但同时，她们受到环境影响的程度与状况又各异。除了学习者所处的语言环境本身存在差异，这还与学习者的认知、性格、态度等个体差异有关。例如，C1属于重视语言正确性的"规则形成型学习者"(rule former)(Hatch,1974)，因此她会更加细致地观察母语者的语言行为，并将自己的语体选择与母语者的进行对比，不断地修正、调整选择标准，以此来习得语体。而C3是更加注重语言流利度、不太注意将规则进行归类的"资料收集型学习者"(data gatherer)(Hatch,1974)，她的语体选择完全受制于语言接触环境。由此可见，日语接触环境虽然会对学习者的语体选择造成影响，但给不同学习个体带来的影响是不同的。

学习者语体选择的第二个特征是：受母语社会文化、社会语言规范的影响，发生母语迁移。在一年调查期间，所有学习者自始至终都认为〈对同〉和〈对下〉的对话者都是同辈、同龄人，都属于同等关系。这是因为学习者以较大的测量尺度——辈分来判断人际关系。桥本永贡子・三井荣(2007)指出：中国人的礼貌行为深受辈分概念的影响，人们会根据辈分来判断上下关系；在判断由相对年龄引起的上下关系时，日本人会在意彼此间几岁的年龄差距，而中国人则以更大的测量尺度——辈分进行判断。诸如此类不同的判断标准被认为是一种社会认识(Kasper & Rose,2001)，与其说是语言问题，将其归结为文化问题更加恰当。上仲淳(2007)指出：韩语具有完整、复杂的敬语体系，但是现代汉语中不存在完整的敬语体系，因此以汉语为母语的日语学习者，其母语文化对其语体习得的影响较小。但是，本研究证实，在涉及社会文化和社会语言规则时，学习者会下意识地参照母语规范，发生文化迁移、语用迁移。至于在语言使用中是否会发生母语迁移，其制约因素有二：一是目标语(L2)与母语(L1)之间的语言距离；二是学习者主观上对L2与L1之间的距离的认识，即学习者如何看待两种语言的相似度(Lee,1968;等等)。相较于其他两名学习者，在C2身上能观察到较多的母语迁移,由此可以推测,C2主观上认为汉语和日语之间的语言距离更近,即两者更加相似。

与母语者相比,学习者身上还有一个显著特征:下意识的语言使用较多。受心理距离、注意焦点、固定语块"です/ます＋よ/よね"等心理因素,以及"＋φ"等语言因素的影响,学习者无意识地使用语体的现象较普遍。出于该原因,意识上的语体选择标准与实际产出中的语体选择之间常常出现不一致的现象,甚至出现规范意识与实际选择的基调语体相悖的情况。

综上所述,学习者的语体发展是一个动态的非线性的复杂过程,它受到多层面多重因素的复合影响,如语言环境、母语规范、心理因素、语言因素等内外部因素。

第六章 语级语体

如第二章所指出的那样，以大阪大学研究生院文学研究科的语体转换项目为代表的日语变异研究，其分析对象包括语体、词汇、语法等方面，而日语语体研究基本只关注句末语体。关于此现象，三牧陽子(2001)举例指出讨论语体时将语级语体纳入分析视野的必要性和重要性。语级语体具体包括：狭义敬语、亲密语(方言、俗语、流行语等)、缩写形、音律形、轻蔑语等等。基于此研究背景，本研究除句末语体外，同时还对词汇、语法等进行考察，尽可能全面地把握学习者的语体选择与发展规律。

在众多语级语体中，为什么本研究焦狭义敬语、关西方言及姓名称呼语呢？

关于狭义敬语，它承载着指示人际关系的重要作用，但众多研究表明，敬语是日语学习难点之一。在会话能力测试OPI中，能使用敬语是最高级别(超级)二语者的指标之一。本调查显示，在留日一年后实施的第二次OPI测试中，C1正是因为没有使用敬语才达不到超级水平。因此，本章将在第一节探析学习者的敬语习得过程与机制。

由于调查对象在关西地区留学，关西方言作为当地的生活语言，学习者通过自然习得掌握它的可能性较高。在礼貌理论中，方言属于"伙伴标记"，是一种积极礼貌策略，具有拉近话者间距离的积极效果。因此，探讨学习者如何习得、使用关西方言具有重要现实意义，本章将在第二节中探讨学习者的方言意识与实际使用情况。

之所以将姓名称呼语也纳入分析对象，是因为笔者观察语料后发现，学习者和母语者在称呼语的使用上存在较大差异，两者使用不同的称呼语变体的可能性较高。同时，姓名称呼语具有指代人际关系的语用功能，具有重要研究价值。

第一节　狭义敬语

作为日语语言文化的重要特征之一，敬语反映了交际者之间的人际关系，是构建、维持良好人际关系的重要手段。先行研究表明，对日语学习者而言，敬语是最难习得的学习项目之一（辻村敏樹，1989）。其原因在于，使用敬语时不仅要掌握相应的词汇、语法，还需考虑复杂的人际关系，需要根据语境选择恰当的表达（陣内正敬，2001；宮岡弥生·玉岡賀津雄·母育新，2004）。在OPI中，"能恰当使用敬语"被视为最高级别，即"超级"才具备的能力。现代汉语中不存在完整的敬语体系（彭国躍，1999）。由此推断，对于母语中不存在敬语体系的中国日语学习者来说，正确理解、恰当使用敬语更是一件难上加难的事。

纵观敬语习得研究，多使用问卷调查，进行语法性判断测试（grammatical judgment test）（宮岡弥生·玉岡賀津雄，2002；宮田剛章，2004；等等）。问卷调查测试的是语言意识和语言能力，不能如实反映学习者的语言运用情况。鉴于此，本研究采用话语分析的手法对学习者的口语语料进行考察，旨在如实记录学习者的敬语产出，明确敬语习得的特征倾向与问题所在，为敬语教学提供科学依据，最终达到提高学习者日语交际能力的目的。

敬语可分为两大类：敬体和其他。此分类法和对者敬语与素材敬语（辻村敏樹，1963）、辞与词（時枝城記，1941）等分类法一致，即根据语言的性质进行分类（蒲谷宏，2008）。有关敬体、简体的选择与使用，日本学术界在20世纪80年代确立了专门的研究领域——语体、语体转换。该领域有较多研究积累，主要运用话语分析的手法，对母语者如何在会话中选择语体以及语体转换有哪些语用功能等问题展开了深入探讨（生田少子·井出祥子，1983；宇佐美まゆみ，1995；三牧陽子，2000；等等）。也有研究考察了学习者的语体习得状况（上仲淳，2007；田鴻儒，2007；寺尾綾，2010；等等）。本节主要考察素材敬语，即尊他语、自谦语、美化语。《敬語の指針（文化審議会答申）》（文化庁，2007）将敬语分为尊他语、自谦语Ⅰ、自谦语Ⅱ（郑重语）、敬体、美化语等五类，本节对自谦语不做细化分类。

一、学习者敬语习得数据分析之一:敬语使用量

笔者首先从敬语使用数量的角度考察学习者的敬语习得情况,以下先分析基线数据,再探讨学习者的敬语使用情况。

(一)基线数据:母语者的敬语使用量

图 6-1 是 JS1、JS2、JS3 在〈对上〉〈对同〉〈对下〉三个会话场景中使用的敬语数。因为 JS2 分别和 JS1、JS3 进行了对话,所以 JS2 的〈对同〉数据有两个。

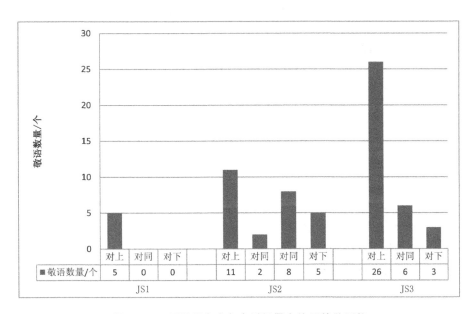

敬语数量/个	对上	对同	对下		对上	对同	对同	对下		对上	对同	对下
■敬语数量/个	5	0	0		11	2	8	5		26	6	3
		JS1					JS2				JS3	

图 6-1 日语母语者在各会话场景中使用的敬语数

从图 6-1 可以发现:(1)〈对上〉的敬语数量最多。(2)敬语使用数因人而异。

以下就这两点展开详述。从敬语使用数可以推断,日本大学生在面对年长于自己的对话者时,遵守使用敬语的礼貌规范,但是具体的敬语使用数会出现个体差异。笔者通过对比分析 JS1 和 JS3 的〈对上〉会话后发现,产生差异的原因之一在于,不同交际者间的对话呈现不同的会话结构。如会话示例 6-1 所示,JS1 的对话者 JO1 主导话语权,一直在谈自己身边发生的事情,而 JS1 作为倾听的一方,多使用"ヘー""あー""そうなんですか""ですよね"等应声词。相较于JO1,会话示例6-2中的JO3则不太主动说话,发话量少,为避免沉默引起的尴尬局面,维持会话,JS3不得不连续向JO3发问,而提问触及"听话者领域"(鈴木睦,1997),客观上要求使用敬语。基于以上原因,JS3的敬语使用数量远远超过JS1。

(1)会话示例6-1 〈对上〉 JS1:21岁,[＋]
JO1:60多岁,[0]
话题:JO1做义工的女子留学生宿舍

01 JO1:ほとんど、留学生、T大学ちゃうかな。

02 JS1:へーーー。

03 JO1:あのう、だから、短いねん。

04 JO1:あっという間に帰ってしまうし。

05 JO1:私持ってる子は、5年とか、/長いけど。

06 JS1: /えっ、

07 JS1:5年間いはるってことですか?

08 JO1:んん。

09 JS1:へー。

10 JO1:田さんも5年ぐらいいはる。

11 JS1:あっ、そうなんですか。

12 JO1:ん。

13 JO1:私いま持ってる台湾の子は、もう5年ぐらいかな。

14 JO1:T大学、じゃないわ。あの子は、

15 JO1:だから、そういう、そのう、博士狙ってはる子もいは
るわけやね。

〈2秒〉

16 JS1:あーー。

17 JO1:でも、大概がもう、短期留学の(んん)10か月とか。

〈1秒〉

18 JS1:ですよね。

19 JS1:日本から行く人も、なんか、そういう、/そういう感
じですよね。

20 JO1: /＃＃＃＃。

21 JO1:いま1人っ子政策やん。

22 JO1:お金持ってきはるよ、やっぱり。

23 JS1:そうなんですか。

24 JO1:だって、そこからな、夏休み暇やし、「どっか行く」
　　　と、「私の田舎に連れて行ってあげようか」と言った
　　　ら、「九州旅行するし」って言ってはる。

25 JS1:^^。

26 JO1:北海道行ってきたし、お土産とかゆって、どっちが
　　　どうされてる。{笑いながら}

27 JS1:^^。

28 JO1:んー。

29 JS1:そうなんですね。

30 JO1:中国も変わったみたい。

31 JS1:あー。

〈2秒〉

32 JO1:すっごいリッチやねん。

33 JS1:そうなんですか。

34 JO1:だから、田さんとか、まあ、私が受け持ってる台湾の
　　　子はちょっとまた違うけど、短期間の子は大概そう
　　　いう子が多いから。

35 JO1:まあまあ。

36 JS1:経験として/っていう

37 JO1:　　　　　　　/そうそう、そうそう。

38 JS1:日本にせっかく行ったら、いまのところを。

39 JS1:そうですね。

40 JO1:そっからもう行かんと損みたいにして。{笑いな
　　　がら}

41 JS1:^^。

42 JO1:ここを拠点に。

43 JO1:まあ、でも、上手に、われわれでも分からへんよな感
　　　じで、"へー、そんな安で行けるの?"(^^)という感じ
　　　で、行ってきてはるみたいやし。

(2)会话示例6-2　〈对上〉　JS3:21岁,[＋]
　　　　　　　　　　　　　JO3:60多岁,[＋]
　　　　　　　　话题:JO3的家人等

〈0.5秒〉

01 JS3:いまじゃ、お1人で暮らしてらっしゃるんですか?

02 JO3:そうです。

03 JO3:はい、1人。

04 JS3:＾＾。

05 JS3:そうなんだ。

06 JS3:でも、お子様が40歳とかだったら、お孫さんと
　　　　かも…。

07 JO3:孫も、えーと、いま受験をしている小学校5年から、
　　　　4歳でやっと物心がついてきた、あのう、孫が、えっ
　　　　と、4人います。全部で、

08 JS3:あー、4人も。

09 JO3:はい。

10 JS3:いいですね。

11 JS3:楽しいし。

12 JO3:いいですね。

13 JO3:楽しみです。

14 JS3:すごいな。{小さい声で}

15 JS3:みんな京都に住んではるんですか?

16 JO3:いいえいいえ、あのう、〈1.5秒〉京都ではありま
　　　　せん。

〈1.5秒〉

17 JS3:あー、そうなんだ。

18 JS3:やっぱり寂しくないですか?

19 JO3:あー、時々寂しいですが、慣れました。

20 JS3:＾＾そうですか。

(二)学习者的敬语使用量

图6-2、6-3、6-4分别表示学习者C1、C2、C3的敬语使用数。

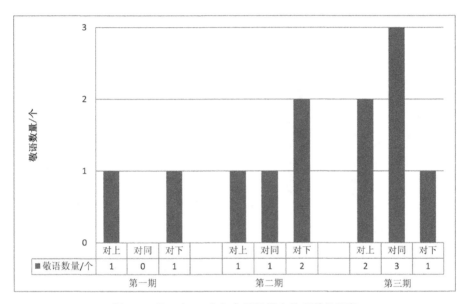

图6-2　学习者C1在各会话场景中使用的敬语数

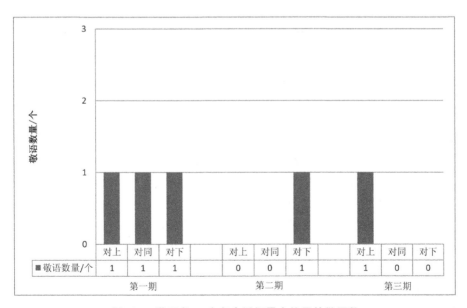

图6-3　学习者C2在各会话场景中使用的敬语数

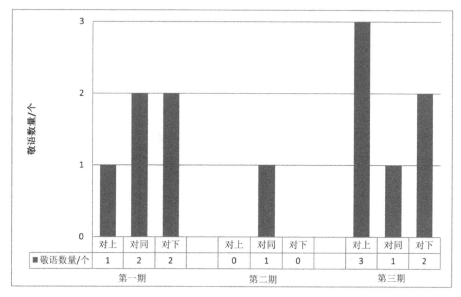

图6-4　学习者C3在各会话场景中使用的敬语数

和基线数据相比,学习者的敬语使用特征表现为:

(1)整体上敬语使用较少。(2)学习者没有根据对话者的年龄区分使用敬语。(3)从纵向习得的角度观察,1年间三次调查中使用的敬语量没有显著增加。

二、学习者敬语习得数据分析之二:敬语使用细目

接下来以敬语使用细目为切入点,考察学习者的敬语使用特征及习得机制。敬语有多种不同的分类方法,以下根据敬语形态进行分类:词汇敬语(如:おっしゃる、存じる、方),接头词、接尾词敬语(如:お～、～さま、～さん),语法敬语(如:お～になる、～(ら)れる、お～する)(井出祥子・彭国躍,1994)。关西方言"～はる"属于语法敬语。

(一)基线数据:母语者的敬语使用细目

笔者根据上述分类法,将基线数据的3位母语者(JS1—JS3)使用的敬语整理成表6-1。根据表6-1,词汇敬语,即特定形敬语,如"いらっしゃる""よろしい",共出现20次;接头词、结尾词敬语,如"お子様""お若い",共使用了21次;语法敬语,如"留学される""ご結婚なさる",共24次。

　　母语者的敬语使用倾向可归纳为以下三点：(1)关于动词，词汇敬语和语法敬语的数量分别为11和24，后者占2/3以上；(2)关于名词、形容词，词汇敬语和接头词、接尾词敬语分别为9和21，后者占了70％；(3)关西方言"～はる"(6个)占语法敬语(24个)的25％。

表6-1　日语母语者的敬语使用细目

敬语分类	词性	使用数/个	敬语条目
词汇敬语	动词	11	いらっしゃる×4、申す×3、伺う×3、おる
	名词	8	方×3、そちら×2、どちら、こちら、わたくし
	形容词	1	よろしい
接头词、接尾词敬语	名词	17	お名前×3、お嫁さん×3、お子様×3、お孫さん、お昼ご飯、お互い、おいくつ、お1人 ご紹介、ご趣味、ご縁
	形容词	4	お若い×3、お好き
语法敬语	动词（标准语）	18	住んでいらっしゃる×2、暮らしてらっしゃる×2、してらっしゃる×2、調査してらっしゃる、持ってらっしゃる 話される×2、留学される×2、される×2、行かれる ご結婚なさる お伺いする、受講させていただく
	动词（关西方言）	6	住んではる、活動してはる、座ってはる してはる、いはる、来はる

(二)学习者的敬语使用细目

　　3位学习者的敬语使用细目如表6-2所示。具体情况如下：(1)只用了一个敬语动词"申す"；(2)语法敬语一次都没出现；(3)从第一期到第三期，敬语条目有所增加，但增加的敬语只限于名词，而且除了"方"，其余都是接头词、接尾词敬语。

表6-2　日语学习者的敬语使用细目

调查时间	敬语分类	词性	使用数/个	敬语条目
第一期	词汇敬语	动词	8	申す×8
	接头词、接尾词敬语	名词	2	お名前×2
	语法敬语		0	
第二期	词汇敬语	动词	4	申す×4
	接头词、接尾词敬语	名词	2	お名前、お米
	语法敬语		0	
第三期	词汇敬语	动词	6	申す×6
		名词	2	方×2
	接头词、接尾词敬语	名词	5	お名前、お客さん ご主人、ご出身地、子供さん
	语法敬语		0	

　　如上所述,在母语者的语料中共出现了35个动词敬语(词汇敬语11个、语法敬语24个),而在三期调查中,学习者除"申す"外没有使用其他任何动词敬语。而由接头词、接尾词构成的名词敬语,在条目和数量上都有所增加。如表6-2所示,第一期只使用了"お名前",第二期增加了"お米",第三期新增了"お客さん""ご主人""ご出身地""子供さん"。可以推测,对学习者而言,由接头词、接尾词构成的名词敬语,习得相对较简单。这个习得倾向与敬语处理的复杂程度成正比。名词敬语只需在原有名词的前面或后面加上"お""ご""さま""さん"等词缀即可构成,记忆与变形操作都比较简单,处理程序较少。相比之下,要生成动词敬语,首先需记住词汇(如"おっしゃる""申し上げる")或语法构造(如"お/ご~になる""お/ご~する"),然后再进行活用变形操作,需要考虑的要素与操作程序较多。所以,动词敬语的习得难于、晚于名词敬语。简言之,记忆负担的大小、语言处理的难易度等习得上需投入的认知资源量会影响敬语的习得顺序。

三、学习者敬语习得数据分析之三:疑问句中的敬语使用

以下聚焦疑问句,探讨学习者的敬语习得情况。之所以关注疑问句,是因为笔者在对比中日跨文化交际场景与日语母语者交际场景的语料后发现,学习者和母语者在疑问句中的敬语使用上呈现出较大的差异。因此,通过分析疑问句中的敬语使用情况,可以明晰学习者在敬语习得过程中遇到的困难。

(一)母语者在疑问句中的敬语使用

在会话示例6-3、6-4、6-5中,JS3使用"いま京都に住んでらっしゃるんですか?"(您现在住在京都吗?),"もともと京都の方なんですか?"(您原来就是京都人吗?),JS1使用"されてるんですか?"(您在做吗?),JS2使用"どちらのほうですか?"(哪里?)等敬语表达向对话者发问。可以说,年轻人使用敬语向年长者提问是日本社会的礼貌规约之一。

（3）会话示例6-3　〈对上〉　JS3:21岁,[＋]

　　　　　　　　　　　　JO3:60多岁,[＋]

　　　　　　　话题:JO3的籍贯

01 JS3:えっ、いま京都に住んでらっしゃるんですか?

02 JO3:はい。

03 JS3:もともと京都の方なんですか?

04 JO3:はい、そうです。

05 JS3:あ、そうなんですね。^^

06 JO3:はい。

（4）会话示例6-4　〈对上〉　JS1:21岁,[＋]

　　　　　　　　　　　　JO1:60多岁,[0]

　　　　　　　话题:JO1在做义工的女子留学生宿舍

01 JO1:留学生センターに、いま13人ぐらいいはんねんけ
　　　　ど、まあ、寮みたいなところ。

02 JS1:あーー。

03 JO1:安くて。

〈0.5秒〉

04 JO1:まあ、あのう、女子ばかりやから(あー)、安全。

05 JO1:だから、そういうとこの、そのう、日本のお母さん的
　　　　な存在。

06 JS1:あーー、されてるんですか?

07 JO1:一応。

(中略)

08 JO1:まあ、子育ても終わったし。

09 JS1:あーー。

〈1秒〉

10 JO1:ぼーとしてても(^^)しゃあないし。

〈0.5秒〉

11 JS1:えっ、<u>それずっとされてるんですか?</u>

12 JO1:まあ、まだ新しいけど、ん、一応。

(5)会话示例6-5 〈对上〉　JS2:21岁,[+]
　　　　　　　　　　　　　JO2:60多岁,[0]
　　　　　　　　　　话题:彼此的籍贯

01 JO2:出身は?

02 JS2:出身は山口県/なんです。

03 JO2:　　　　　　　/山口県?

04 JS2:はい。

05 JO2:えー。

06 JO2:私は、まあ、島根県なんだけど、出身は(はい)、私の
　　　　主人の先祖、山口県にいるんだけども。

07 JS2:はい。

08 JS2:<u>どちらのほうですか?</u>

09 JO2:山口県のKって知ってる?田舎の、

（二）学习者在疑问句中的敬语使用

在会话示例6-6和6-7中,学习者C1使用"いま京都に住んでいます
か?"(你现在住在京都吗?),"バイトとか仕事をやっていたんですか?"(你
有在打工或者工作吗?)等表达向对方发问。这些疑问句和母语者的表达

"いま京都に住んでらっしゃるんですか?"(您现在住在京都吗?),"されてるんですか?"(您在做吗?)形成鲜明对比:询问对方的情况时,母语者使用尊他语,而学习者仅使用敬体。

(6)会话示例6-6　〈对上③〉　　C1:学习者,[＋]
JO2:60多岁的母语者,[0]
话题:关于JO2的住所
01 C1:いま京都に住んでいますか?
02 JO2:京都京都。

(7)会话示例6-7　〈对上③〉　C1:学习者,[＋]
JO2:60多岁的母语者,[0]
话题:JO2丈夫的工作等
01 C1:普通はプロジェクトで向こうの大学に行くんですか?
02 JO2:そうでもないですけど。
(中略)
03 JO2:私たちは少しその夫の研究のために、あの、アメリカの大学に、研究員として夫、だからそのときにアメリカに【【
04 C1:】一緒に行きました?
05 JO2:そうそうそう。
06 JO2:2回ぐらい。
07 JO2:30年前と12じ、/10何年前で、1年ずつアメリカに住んだことがありますから。
08 C1:　　　　　　　　　　/もう30年前。
09 C1:アメリカに行って向こうではバイトとか仕事をやっていたんですか?

在会话示例6-8中,学习者C2使用"何日ぐらい泊まりましたか"(你住了几晚),向JO2询问她在大连住了几晚。此处同样没有使用尊他语。

(8)会话示例6-8　〈对上①〉　C2:学习者,[＋]

JO2:60多岁的母语者,[0]

话题:JO2丈夫的工作等

01　JO2:大連って言ったら、私の夫が何年前行きましたよ。

02　C2:えーー。

03　JO2:うん。

04　C2:どういう感じがあるですか[どういう感じでしたか]?

05　JO2:日本の映画監督の山田洋一って映画監督がいらっしゃるんですけど、その方はＦでね、過ごされたことがあったので、で、一緒にね、大連行って、いろいろ見て。

06　C2:そうですか。

07　JO2:うん。

08　C2:何日ぐらい泊まります[泊まりました]か?

　　　在会话示例6-9和6-10中,C3分别使用"中国語を知ってますか?"(你懂中文吗?),"どこに行ったんですか?"(你去哪里了?)进行提问,也没有出现尊他语。

(9)会话示例6-9　〈对上②〉　C3:学习者,[＋]

JO2:60多岁的母语者,[0]

话题:JO2的中文能力

01　JO2:私は河田で、hetian〔河田の中国語読み〕。

02　C3:お、なんか中国語⌒⌒/を知ってますか?⌒⌒

03　JO2　　　　　　　　　　　/⌒⌒中国語で。

04　JO2:いや、私の夫は中国のこと、中国の勉強をしてますから。

05　C3:あー、そうなんですか。

(10)会话示例6-10　〈对上②〉　C3:学习者,[0]

JO2:60多岁的母语者,[0]

话题:JO2的中国之行

01　JO2:中国にもちょっと行ったことありますよ。

02 C3:あー。

03 C3:えっ、どこ、どこにいっ、〈0.5秒〉行った[ん]ですか?

04 JO2:や、行ったのは北京だと思う。

　　以上会话示例显示:当向年长者(60—70岁)发问时,学习者仅使用句末敬体,而母语者兼用敬体和尊他语。鈴木睦(1997)对地位和年龄上都存在上下关系的女性间的对话进行分析后发现,年纪较轻的一方看上去像是无秩序地交叉使用敬体和简体,但其实简体的使用仅限于"说话者领域"和"中间领域",像发问、请求等指向对方的发话都保持敬体,在言及对方的动作行为时还需使用敬语。可见,当交际对象在地位上高于自己,或年长于自己时,言及对方的动作行为时使用敬体和敬语(尊他语、自谦语、美化语)属于日语的语用规范。在本研究中,笔者分析语料后发现:母语者的语言行为符合上述社交文化和规范,即同时使用敬体和尊他语向对方提问(例6-3—6-5),而学习者却只使用敬体(例6-6—6-10)。针对学习者的这一偏差,疑问句中的敬语使用问题可被视为日语敬语教学的重难点之一。

（三）学习者在疑问句中使用广义敬语"でしょうか"

　　学习者向年长者询问时虽然没有使用尊他语,但是倾向于使用广义敬语"でしょうか"。广义敬语包括尊他语、自谦语、美化语、句末敬体,以及表示可能、否定、疑问、推量等的委婉形式、间接表达(井出祥子·彭国躍,1994)。在会话示例6-11、6-12中,学习者使用了委婉表达"でしょうか"进行提问。

(11)会话示例6-11　〈对上③〉　C1:学习者,[＋]

　　　　　　　　　　　　　　　JO2:60多岁的母语者,[0]

　　　话题:C1的籍贯

01 JO2:あ、どこから来ました?

02 C1:中国の遼寧省から。

03 JO2:遼寧省。

04 C1:知らないーー/ですね。

05 JO2:　　　　/遼寧省って、あのう、あれ、黄山がある

　　ところ?

06 C1:黄山?

07 JO2:黄山。

〈1秒〉

08 JO2:世界遺産。

09 JO2:あ、あれは、〈0.5秒〉、遼寧省、え、ちょっと待って。

10 JO2:あれ/は

11 C1:　　　/大連知っているんでしょうか?

〈0.5秒〉

12 JO2:/しぃー

13 C1:　/大連。

14 JO2:大連、大連。

15 JO2:あっ、/大連

16 C1:　　　/大連は遼寧/省なんですよ。

17 JO2:　　　　　　　　/遼寧省。

18 JO2:あー、そうかそうか。

(12)会话示例6-12 〈对上③〉 C1:学习者,[＋]

JO2:60多岁的母语者,[0]

话题:JO2与调查者的关系

01 JO2:ほいで、田さんとは長い付き合いでね。

02 C1:んー。

03 JO2:ほいで、彼女は大阪の大学行ってからでもずっと。

04 C1:んー。

05 JO2:うん、時々京都にも来てるし。彼女は、

06 C1:へー。

07 JO2:だから、長い付き合いで。

〈0.5秒〉

08 JO2:うん、いろいろ。

09 C1:もう何年間ぐらいでしょうか?

〈0.5秒〉

10 JO2:えー、ちょっと、もうだいぶん、いるんじゃない?

在上述对话中,C1使用了"大連知っているんでしょうか?"(你知道大

连吗?),"もう何年間ぐらいでしょうか?"(已经有多少年了?),即"ですか"的推量形"でしょうか"委婉地向对方询问。关于"でしょうか"的使用,C1在后续访谈(follow-up interview)中回应道:"我在超市打工,做的是收银的工作,上班时经常使用'でしょうか',它可以使说话语气柔和些。"C1赴日留学5个月后开始在超市打工,负责收银工作,每周上班5天。关于工作中经常使用的日语表达,C1列举了:"お買い物袋をお持ちでしょうか?"(您带购物袋了吗?),"ありがとうございます。エコポイントをおつけいたします。"(谢谢您的惠顾! 我给您盖上积分。),"お会計は…でございます。"(合计……元。),"カードをお持ちでしょうか?"(您有卡吗?)。在这些服务用语中,"でしょうか"出现的频率较高,属于程式化话语。由此推断,C1在打工时经常使用"でしょうか"这个句型,受职场域(domain)中的日语使用习惯的影响,C1在日常会话中也较多使用"でしょうか"。有别于狭义敬语,这种敬语只需将"でしょうか"和"ですか"对调即可,不仅操作简单,而且在很多场合都能使用,容易产出且泛用性广。以上是C1在会话中不说"大連ご存知ですか?"(您知道大连吗?),而用"大連知っているんでしょうか?"(你知道大连吗)的原因所在。

四、小 结

本节采用个案纵向追踪的方法考察了学习者的敬语习得情况,结果发现:(1)在为期一年的三次调查中,学习者的敬语使用量没有显著增加;(2)学习者没有根据交际对象区分使用敬语;(3)由接头词、接尾词构成的名词敬语使用条目略有增加;(4)学习者提问时多使用具有委婉表达效果的广义敬语"でしょうか"。

宫田剛章(2005)指出:即使身处二语环境,敬语产出机会也非常有限,所以比起教室外的自然习得,教室内的教学对敬语习得的影响更大。本研究验证了自然习得在敬语习得中发挥的作用非常有限的观点。课堂上该如何有效开展敬语教学呢? 根据笔者考察结果:母语者和学习者的最大区别在于疑问句中是否使用敬语,笔者建议把"领域"概念(听话者领域、说话者领域、中间领域)引入敬语教学中,将指导重点放在包括疑问句在内的涉及听话者领域的话语上。

本研究仅考察了3名日语学习者为期一年的敬语习得情况,今后需扩大被试范围,增加被试数量,拉长调查时间跨度,继续深入探讨学习者的敬语发展轨迹与习得机制,对本研究结果进行验证与补充。此外,考察东京地区日语标准语使用者的敬语使用情况也是今后的重要课题之一。

第二节　关西方言

　　本节对关西方言(以下简称方言)展开分析。由于学习者在关西地区留学,因此在讨论语体时,会不可避免地涉及方言问题。以下首先整理学习者对方言的印象、接受意识,然后对初次见面对话中出现的方言进行统计、分析,最后讨论学习者在会话中使用方言带来的语用效果。

一、关西方言的接受意识

　　方言意识是学习者学习、使用方言的背景,所以笔者先对访谈和对话中出现的有关方言的叙述进行整理,抽取出学习者对方言的看法。

　　C1在第三期调查的后续采访中谈到:"关西腔不好听,特别是女生说话,听起来很粗鲁。"可见,她对方言的印象比较负面。另外,C1还说:"将来不一定待在关西地区,所以没必要学关西腔。"可以看出,C1也没有学习方言的意愿。简言之,出于音律方面的原因,C1对方言抱负面印象,加之考虑到毕业后的去向,她认为没有必要学习方言。

　　关于C2的方言意识,她在第一期调查中说:"标准语全国通用,和关西人用标准语说话也能沟通,而且今后不一定只在关西生活,所以没必要学。""标准语的日语既优美又温柔,关西腔有些刺耳,特别是女性说话,听起来不文雅。"基于以上两个理由,C2明确表示"不想学关西腔"。C2列举的两个理由和C1一样。

　　然而,在第二期调查中,C2表示:"关西腔充满人情味,平易近人。"从这句话可以看出,C2对方言的印象发生了180度的变化。此外,她还说:"我觉得还是习惯关西腔比较好。"C2对方言的接受意识也发生了转变。为什么C2的方言意识会发生如此大的转变呢? 通过采访笔者得知,C2平时接触最多的是大学里的老师和同学,他们当中很多人都是操关西方言者。特别是C2的指导教师,据说他是大阪人,课上也说关西腔。对此,C2是这样理解的:"老师是大阪人,研讨课上也都是关西腔,如果不习惯的话会很麻烦,所以我觉得还是习惯关西腔比较好。"可见,由于日常接触的语言多为方言,特别是指导老师说方言,因此C2也希望自己听懂方言。C2身处方言输入较多的环境中,她"不知不觉中习惯了关西腔,自己也会下意识地说关西腔"。换言之,C2不仅停留在理解层面,而且自身也使用方言,这可以从下面的会话示例6-13中得到确认。

(13)会话示例6-13　〈对同②〉　C2:学习者,[0]

JS1:同等的母语者,[+]

话题:方言

01 C2:でも、九州も、あのう、ほうげ、ほう、方言もあ、あるん
　　　ですよね。

02 JS1:ありますね。

03 C2:でも、あのう聞き取れる<u>やん</u>。

04 C2:〈0.5秒〉あっ、ごめんなさい。^^

05 C2:関西弁、/実に出てくる。

06 JS1:　　　　/あ、ぜんぜん、ぜんぜん。

07 JS1:もう関西弁で喋ってください。

08 C2:あー、できないできない。

09 C2:時々。

10 JS1:時々?

11 C2:そう。

　　继续看C2在第三期调查中的方言意识。C2在采访中表示:对关西腔的印象是"充满人情味""关西腔可以拉进人跟人之间的距离,说关西腔比较好融入周围的环境"。可见,她对方言给予了很高的评价。C2还补充道:"不仅方言,还习惯了关西的文化和习俗。"综上所述,随着时间的推移,C2不仅接纳了方言,还接受了关西地区的文化。

　　接着看C3的方言意识。C3在第一期调查的采访中谈及关西方言:"留学前还在中国的时候,我看日本的电视节目,发现东京的节目和关西的节目不一样,关西人的方言非常有趣,我很喜欢关西腔的口音和语调。"C3在留学前就通过网络媒体了解到关西方言。与C1和C2不同的是,C3打一开始就对方言抱有好感。关于自身是否学习、使用方言,C3回答道:"如果同学朋友用了类似关西腔的表达,我会向对方确认是否为关西腔,如果是,我会记住

该表达。""我平时不说关西腔,因为我不确定自己使用的关西腔是否正确,对方是否听得懂。但如果自己掌握了关西腔,能确定使用的表达是恰当的话,我就会使用。"可以观察到,虽然 C3 在日常生活中积极地学习方言,但是由于不能确定自己所说的方言是否恰当,因此采取回避(avoidance)策略,尽量不使用方言。

然后看 C3 在第二期调查时的方言意识。留学5个月后,C3 开始在一家日本料理店打工。关于打工场景中的语言接触,C3 说道:"老板娘操一口关西腔,而且语速很快,所以一开始很多内容都听不懂,伤脑筋。"不过,在工作中,C3 逐渐习惯了该语言环境,到第二期调查时,也就是开始打工两三个月后,她已经能理解大部分的方言了。不仅如此,根据 C3 的汇报,她自己说话时也会时不时带有关西腔。

对 C3 在第三期调查时的方言意识进行整理。在〈对同〉和〈对上〉的初次见面对话中,C3 多次提及自身对关西的印象。例如:"我很喜欢关西,关西人很热情,美食也很多,关西的很多东西我都很喜欢。""我是中国北方人,性格和关西人很相似,所以我觉得挺好的。"由此可见,C3 对关西的整体印象较好,不仅方言,还包括关西人的性格秉性、当地的饮食文化等。当问及她自身是否使用方言时,C3 回答说:"现在关西腔我几乎都能听懂,但因为害怕将来变得满口方言,所以尽量不说方言。"可以说,C3 平时会控制方言使用。

以上梳理了学习者对方言的印象与接受意识。C1 对关西方言的好感度一直较低,而且认为没有学习方言的必要。C2 的方言意识前后发生了变化。留学伊始,她认为方言不好听,且没有学习的必要。但是,与操方言的老师和同学接触后,C2 对方言产生了好感,有时自己也会下意识地使用方言。此外,对关西文化的接受,C2 也持积极态度。与 C1 和 C2 不同的是,C3 在留学之前就已经通过电视节目对关西方言有所了解。C3 觉得方言的口音和语调很有趣,对方言抱有好感。留学后,接收来自同学、朋友的方言输入,大约过了半年后,C3 开始使用方言。但是,C3 因为担心自己脱口而出的都是方言,所以有意控制方言使用。此外,包括文化、饮食等在内,C3 对关西的整体印象良好。

吴承嫔(2002)对居住在东京地区的33名留学生进行了问卷调查,探明留学生对关西方言的印象。结果显示:留学生对关西方言多持"粗暴""口音重""不清晰"等负面印象。这与 C1 及调查第一期中的 C2 的评价相同,C1 和 C2 也觉得关西方言"粗鲁""粗暴""难听"。友定贤治·陣内正敬(2004)在全国6个城市实施了问卷调查,了解当地民众对关西方言的印象及接受情况。结果显示:回答喜欢关西方言的比例较高。①喜欢关西方言的理由包括"快乐、有趣""有节奏感""气氛好""有亲近感""语气柔和"等等。调查还显示:电视节目,主要是关西地区电视台的搞笑节目和综艺节目,在人们的方言印象形成中起着最重要的作用。C3留学前对方言的印象也同样来自电视节目的影响。

对语言的情感态度,个体之间不尽相同,这一点在本研究中也得到了确认。C1对方言持负面印象,而C2和C3对方言持积极印象。值得注意的是C2的事例,通过与方言话者的接触,C2对方言的评价由负面转向正面。有研究指出:对任何一种方言而言,与方言话者的直接接触会促使人们形成正面的方言印象(三宅直子,2003)。从本研究的学习者身上也可观察到同样倾向。C3的事例表明:在网络非常发达的现代社会,互联网在很大程度上左右着人们对方言的印象。

二、关西方言的发展轨迹

(一)关西方言的使用状况

以下对学习者在会话中的方言使用情况展开分析。研究方言时,一般从语音、词汇、表达、语法等角度进行探讨(真田信治,1999)。本研究从词汇和语法两个方面进行分析。具体步骤为:首先,对初次见面对话中出现的方言进行统计;然后,归纳每个学习者的方言使用状况;最后,对分析结果展开讨论。

表6-3是C1在初次见面对话中使用的方言。

表6-3　C1的方言使用状况

语言项目		第一期	第二期			第三期		
			〈对上〉	〈对同〉	〈对下〉	〈对上〉	〈对同〉	〈对下〉
词汇	めっちゃ	0	0	1	2	6	1	6
语法	や	0	0	0	0	0	1	0

---

① 关于"你喜欢关西(大阪)方言吗?"的问题,回答"喜欢"或"比较喜欢"的比例分别是:大阪92.1%,广岛46.8%,高知54.0%,福冈52.8%,名古屋44.1%,东京53.5%(友定賢治・陣内正敬,2004)。

C1在第一期时没有使用方言,第二期后开始使用方言。具体为:(1)程度副词"めっちゃ"的使用次数最多,特别是在第三期,共出现13例,与第二期的3例相比,增幅较大。C1在第三期,无关对话者的年龄,一律使用了"めっちゃ"。(2)除"めっちゃ"外,还出现1例"そうなんや","や"是断定助动词。

如上文所述,C1主观上认为关西腔粗鲁,不打算学习。但是,如表6-3所示,C1在第二、三期中使用了方言。关于此矛盾,C1在后续采访时做了说明:"因为不喜欢关西腔的发音,所以基本不用,但'めっちゃ''や'不一样,听起来比较柔和。"关于"そうなんや",第三期调查结束过后几个月,笔者再次进行了确认。C1回答说:"调查的时候可能没有使用,但是现在和朋友交谈时经常用。"可以看出,C1原则上不说关西腔,但是,当遇到喜欢的方言表达时,她也会使用。

接下来分析C2的方言使用情况。C2在初次见面对话中使用的方言可整理成表6-4。

表6-4　C2的方言使用状况

语言项目		第一期	第二期			第三期		
			〈对上〉	〈对同〉	〈对下〉	〈对上〉	〈对同〉	〈对下〉
词汇	めっちゃ（めちゃめちゃ）	0	3	3	2	0	0	0
	ほんまに	0	0	0	0	4	0	0
语法	や	0	0	1	0	0	1	0
	やん	0	0	2	0	0	1	0

从表6-4中可以观察到,和C1一样,C2也是从第二期开始使用方言。具体如下:(1)在词汇方面,出现了"めっちゃ""めちゃめちゃ"和"ほんまに",这些都是程度副词。值得关注的是,C2在第二期使用"めっちゃ",在第三期使用"ほんまに"。由此可以推测:学习者在不同学习阶段,惯常使用的语言表达形式可能不同。C2在第二期对任何一个对话者都使用"めっちゃ"。(2)在语法方面,断定助动词"や"出现2例,终助词"やん"出现3例。"や"不

是出现在句末,而是像"大丈夫やけど""～やという感じ",出现在句中。终助词"やん"表达说话人的强烈主张,因此,比起〈对上〉,在〈对同〉〈对下〉的语境中使用起来更加自然。由于"やん"的用例数较少,讨论区分使用问题不太现实,但是可以观察到3例都出现在〈对同〉中。

最后,笔者分析C3的方言使用情况,将C3在初次见面对话中使用的方言整理成表6-5。

表6-5　C3的方言使用状况

项目		第一期	第二期			第三期		
			〈对上〉	〈对同〉	〈对下〉	〈对上〉	〈对同〉	〈对下〉
词汇	めっちゃ	0	1	0	1	4	9	9
	やばい	0	1	3	0	0	2	0
	しんどい	0	0	0	1	0	0	2
语法	や	0	1	7	12	4	3	3
	やん	0	1	0	0	0	0	0
	で	0	0	1	0	0	0	0

和C1、C2一样,C3也是从第二期开始使用方言的。具体为:(1)在词汇方面,出现最多的是"めっちゃ",共24例。其中,第二期为2例,第三期时增加到22例,呈显著增长的趋势。除"めっちゃ"外,还出现了6例"やばい",3例"しんどい"。在关于语言使用意识的采访中,就语言学习、使用上的困难,C3指出"很难记住名词和动词"。此外,关于情感表达的形容词,C3表示非常感兴趣,会积极主动地去背诵。从"しんどい""やばい"的使用上不难推测:C3在方言中同样优先习得与感情、感觉相关的词汇。一项问卷调查显示,"しんどい"是最具代表性的关西方言之一,其使用范围遍布全国:大阪有97%的被试回答说使用过该表达,广岛为94%,高知为97%,名古屋为61%,福冈为50%,东京为57%(杉村孝夫,2005)。(2)在语法方面,C3使用了断定助动词"や"和终助词"やん""で"。相较于其他两名学习者,C3的显著特征表现为,大量使用"や",共出现30例:"そうなんや"11例,"～やけど"9例,"どうやろう"4例,"～やし"和"～やと思う"各2例,"そうやね"和"や"各1例。可见,C3在多种句型中使用"や"。除"や"之外,终助词"やん"

和"で"各出现1例。

（二）关西方言的习得过程

上文对学习者的方言使用情况进行了整理，下文对上述结果展开讨论，探究学习者的方言习得规律。

学习者在第一期中没有使用方言，随着留学时间的推移，逐渐掌握并使用方言。此研究结果与以韩国留学生为调查对象的李吉镕（2005）的结论一致：学习者在日常生活学习中自然习得方言。

本调查观察到的方言有"めっちゃ""ほんまに""しんどい""やばい""や""やん""で"等。"めっちゃ"是"非常に""大変に"的关西方言表达；"や"是断定助动词"だ"的关西方言表达；"やん"相当于标准语中的"じゃん"，用来征求对方的同意。不难发现，学习者使用的方言表达都与标准语中的某个单词或语法一一对应。因此，笔者推测：学习者并非把关西方言完全作为一门新的语言从头学起，而是基于已掌握的标准语，优先习得与标准语相对应的词汇表达、语法功能。

关于出现较多的方言形式"めっちゃ"，C2只在第二期用了"めっちゃ"，而另外两名学习者C1、C3在第三期使用的"めっちゃ"远远超过第二期。[①]C1在第二期仅为3例，在第三期为13例；C3在第二期为2例，在第三期为22例。分析结果还显示：3名学习者都没有根据对话者区分使用"めっちゃ"。据杉村孝夫（2005）的调查结果：59％的大阪人使用"めっちゃ"，但是30岁以下使用该表达的人数比例高达70％—80％。考虑到学习者在日常生活学习中与年轻人接触的概率较大，可以推测她们接收到"めっちゃ"的输入的可能性较大。此外，相较于语言的其他方面，词汇的独立性较高，容易引起语言使用者的注意（小林隆，1999）。出于以上原因，3名学习者在自然环境中习得"めっちゃ"，并在对话中大量使用它。

下文对C2和C3使用的方言终助词进行考察。如前文所述，C2使用了3例"やん"，C3使用了1例"やん"和1例"で"。终助词被认为是关西方言的重要特征之一，但是学习者的使用数量并不多。学习者究竟在怎样的语境下使用方言终助词呢？以下使用话语分析的手法进行探讨。

---

① C2在第三期中使用了"結構"。

(14)会话示例6-14 〈对同②〉 C2:学习者,[0]
JS1:同等的母语者,[＋]
话题:关西方言

01 C2:以前学んでいた言葉は、標準語ですので、ぜんぜん聞
き取れない<u>やん</u>。

02 JS1:^^そうですよ。

03 JS1:そりゃそうですよ。

04 JS1:「なんでやねん」っていう言葉とかない/でしょう。教科
書に、{笑いながら}

05 C2:   /そうそう、そう
そうそうそう。

06 C2:しかも、スピードはめちゃめちゃ速く/なって

07 JS1:   /あ、早い早い。

08 C2:そうそうそう。

　　在会话示例6-14中,标准语表达应为"ぜんぜん聞き取れないじゃん。"
的地方,C2使用了方言终助词"やん。"(01)。同样,在会话示例6-15中,C3
使用"しんどいやん。"表达"骑车40分钟才到学校,非常辛苦"的心情(04)。

(15)会话示例6-15 〈对上②〉 C3:学习者,[0]
JO2:60多岁的母语者,[0]
话题:C3的公寓

01 C3:学校、なんか賑やか静か、別にいいんだけど、でも、学
校から、〈0.5秒〉【【

02 JO2:】ちょっと遠い。

03 C3:遠いですね。

04 C3:40分間なんか自転車に乗って、しんどい<u>やん</u>。

05 C3:朝の第1限の授業がある時は【【

06 JO2:】あー、早く出ないといけない。

07 C3:困りますよ。{トーンが高い}

　　在会话示例6-16中,C3说"大企業は無理やで。",表达在大公司求职不

容易。

(16)会话示例6-16 〈对同②〉 C3:学习者,[0]
JS2:同等的母语者,[＋]
话题:求职就业

01 C3:たぶんなんか中小企業は、〈1秒〉なんか就職の機会
が、いっぱいあるんじゃないですか?
02 JS2:そうみたいですね。
03 C3:んー、大企業はちょっと無理やで。
04 JS2:人気があるんでね。
05 C3:そうですね。

在以上会话示例中,方言终助词出现的语境有一个共通点:学习者强烈地表达自身的观点或感受。会话示例6-14中,C2在表达自身的苦恼"大学では共通語を習っていたので、日本に来て関西弁を聞き取れない。"(因为在大学里学的是标准语,所以来日本后听不懂关西腔。)的时候,使用了"やん"。会话示例6-15中,C3在表达"マンションから大学まで40分も自転車に乗るから大変だ。"(从公寓到大学要骑40分钟的车,很累。)的心情时,使用了"やん"。会话示例6-16中,C3使用"で"表达自身观点"不況なので大手企業への就職は難しい。"(由于经济不景气,很难在大公司就职。)。听音频资料可以发现上述表达的语调明显高于前后文。笔者推测:学习者在表达强烈的情感时,使用方言终助词的可能性较大。

本小节探讨了学习者的方言使用情况,主要分析结果如下:(1)伴随着留学时间的推移,3名学习者都在日常生活学习中自然习得方言;(2)"めっちゃ"为学习者接触较多的方言词汇,学习者在初次见面对话中较多使用该表达,但是没有根据对话者的年龄区分使用;(3)学习者在强烈表达情感、观点时,会使用方言终助词"やん""で"。

关于学习者是否根据对话者的年龄区分使用方言的问题,由于除"めっちゃ"外,其他方言词汇、语法的用例较少,分析起来较困难。今后需增加调查对象,延长调查时间,对方言的区分使用问题展开进一步的探讨。

三、关西方言的语用效果

本小节探讨学习者在初次见面对话中使用方言所带来的语用效果。

观察对话可以发现:3名学习者都屡次提到关西方言,而且此话题常常在话者间引起共鸣,会话气氛高涨。下面,笔者结合会话语料,分析学习者如何通过使用方言成功拉近与对话者之间的距离,讨论方言作为积极礼貌策略的有效性。

在会话示例6-17中,C3刚说出"どうやろう",JO1就边笑边称赞道:"上手やね。"

(17)会话示例6-17　〈对上③〉　C3:学习者,[+]

　　　　　　　　　　　　　　　　JO1:60多岁的母语者,[0]

　　话题:C3的穿着

01　JO1:あのう、いま何着たって似合う。

02　JO1:ねえ、年頃やし、/いろんな

03　C3:　　　　　　　　　/いやー、どうやろう。{笑いながら}

04　JO1:どうやろうって上手やね。^^

在会话示例6-18中,当C2回答说"ほんまに。"时,JO3边笑边指出那是关西腔。随后,对话围绕方言展开。JO3对使用方言所带来的人际效果的相关评价,可以在会话示例6-19中得到确认。在会话示例6-19中,JO3表示:"皆から愛されます。"(外国留学生使用方言会博得好感。)。对于C2无意间脱口而出的"ほんまに",JO3表达了自己的感想:"あー、可愛い。"(啊,好可爱啊。),以及"急になんか近くなる。"(一下子拉近了彼此间的距离。)。

(18)会话示例6-18　〈对上③〉　C2:学习者,[+]

　　　　　　　　　　　　　　　　JO3:60多岁的母语者,[0]

　　　　话题:C2表示比起汉语,更容易想起日

　　语表达

01　C2:で、自転車ってなんか(おー)、zixingcheじゃなくて、

　　　　(うん)自転車で出てくるんですよ。本当に、

02　JO3:本当に?

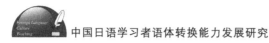

03 C2:うん、<u>ほんまに</u>。

04 C2:なんか、こういう時がいっぱいあるんですよ。むしろ、

05 JO3:え、ちょっと待って。

06 C2:はい。

07 JO3:今ほんまにってゆったけど{笑いながら}、京都弁か
　　　大阪弁かどっちかよ。

08 C2:あ、そうですね。

(19)会话示例6-19　〈对上③〉　C2:学习者,[＋]
　　　　　　　　　　　　　　　JO3:60多岁的母语者,[0]
　　　　　　　话题:学习关西腔的益处

01 C2:な、ま、今関西圏に住んでるじゃないですか。

02 JO3:はい。

03 C2:関西弁をちょっとだけとしても学んだら、絶対役に
　　　立つと思ってるんで【【

04 JO3:】あ、少なくとも/皆から愛されます。

05 C2:　　　　　　　　　　　/そうですよ。

06 C2:そうですよ。

07 JO3:うん、いまほんまって聞いた時、一瞬、「あー、可
　　　愛い」。

08 C2:ˆˆ。

09 JO3:急になんか/近くなる。

10 C2:　　　　　　　/親しくなるんですよね。

11 JO3:うん、不思議ね。

　　　以下,笔者从 Brown 和 Levinson(1987)的礼貌理论出发,对方言的人际
效果进行考察。Brown 和 Levinson(1987)认为,每个人都有两张面子(face):
(1)积极面子(positive face):希望得到他人的正面评价和认可的欲望;(2)消
极面子(negative face):不希望自己的行为和领域受到侵犯的欲望。积极礼
貌策略(positive politeness strategy)是为满足对方的积极面子而采取的一
系列语用策略,包括"强调对对方的关心、赞同、共情""寻找共同点""开玩
笑"等15种策略(Brown & Levinson,1987:102)。而为满足对方的消极面

子而采取的消极礼貌策略(negative face strategy)包括"惯用间接表达""敬意表达""道歉"等10种策略(Brown & Levinson,1987:131)。积极礼貌策略中有一条是"使用群体身份标识"(use in-group identity marks)。如会话示例6-19中JO3阐述的那样,"急に近くなる"(说方言可以一下子拉近彼此间的距离)。学习者使用的作为伙伴标记的方言发挥着作用。在接受采访时,3名学习者都表示喜欢轻松、愉快的沟通方式。所以,方言于学习者而言,是一项有效的语用策略。综上所述,方言对学习者来说,也是一项语用效果显著的积极礼貌策略。

第三节　姓名称呼语

　　称呼语是交际的先导语,往往是传递给对方的第一信息,所以恰当的称呼语能为交际的顺利展开奠定良好的基础。称呼语具有指代称呼对象(呼唤引起对方注意)、识别身份(反映交谈双方的角色身份、社会地位)、定位人际关系(上下关系、亲疏程度)、指示情感(表达说话者对听话者的情感态度)等功能。此外,从跨文化交际的角度去观察称呼语会发现,它还具有社会文化标志功能,即不同语言的称呼语反映了不同的社会面貌,体现了不同的社会结构、社会制度、社会变迁。

　　正因为称呼语在交际中起着如此重要的作用,所以在合适的语境中运用恰当的称呼语、掌握称呼语的各种语言变体,已成为重要的社会语言学能力之一。然而,在观察跨文化交际场景中的初次见面对话时,笔者注意到:学习者并不能做到每处都恰如其分地运用日语称呼语,比如在自我介绍环节中直呼对方的姓名。在日本人的语言习惯和意识里,"呼び捨て"(直呼其名)是非社交性的、不礼貌的语言行为。

　　本节从这一背景出发,对中日称呼语进行对比分析后,运用话语分析的研究手法对学习者的口语产出进行考察,目的是明晰学习者直呼其名的具体语境,探究其原因,为日语教学提供参考,以提高学习者的日语交际能力。

一、称呼语的定义、分类及使用原则

　　《现代汉语词典》(第7版)中关于"称呼"的解释是:"当面招呼或背后指称用的表示彼此关系或对方身份的名称。"对"称谓"的解释是:"人们由于亲

属或其他方面的相互关系,以及身份、职业等而得来的名称。"称呼语是称谓语中可以用来当面打招呼的那部分名称。称谓语相对固定,而称呼语会依据场合和对象相对变化。

以社会关系为划分依据,称呼语可分为"亲属称呼"和"社会称呼"两大类。亲属称呼表示的是家族内部的相互关系,社会称呼表示的是社会生活中人与人之间的关系。社会称呼语又可分为"职务称呼""职业称呼""姓名称呼"和"社会通称"这四类。

关于称呼语的使用原则,卫志强(1994)指出:说话者要根据对方的年龄、职业、地位、身份,还要考虑跟自己的关系亲疏、情感深浅及说话场合等因素选择恰当的称呼。也有研究提出:称呼并非对社会关系的"照镜式的反映"。年龄差异、社会关系等仅仅起参照作用,具体选择使用哪类称呼语,往往取决于交际主体所认定的自己与交际对象所构成的关系以及交际目的、交际活动的类型/场合。此观点体现了人们在言语交际中使用称呼语时具有主观能动性、个体差异性的特点。

二、汉日称呼语对比分析

称呼语能够反映一个民族的传统文化、伦理道德、价值观念和社会政治制度等民族文化特征。由于中日文化的差异,汉日称呼语在表达形式与语义功能方面均有所不同。汉日称呼语的主要区别体现在以下这几方面:亲属称呼、虚拟亲属称呼、姓名称呼、职务称呼、零称呼。

(一)亲属称呼、虚拟亲属称呼

与汉语相比,日语亲属称呼语的使用规则特征表现在"虚构法"和"内外区分法"这两点上。"虚构法"指的是:在日本社会,人们以年龄最小的孩子为基准点称呼家庭成员。例如,在一个祖孙三代的家庭里,年龄最小的是1岁的孙子,那么孩子的爸爸会称孩子的哥哥为"お兄ちゃん"(哥哥),称孩子的妈妈为"お母ちゃん"(妈妈),称孩子的爷爷为"おじいちゃん"(爷爷),称孩子的奶奶为"おばあちゃん"(奶奶)。此外,日语的亲属称呼语在对外人称呼家里人和称呼他人亲属方面有比较严格的区分。对外人称呼家里人时要用谦称,如对自己的父母要用"父""母",哥哥、姐姐要用"兄""姉"称呼。称呼听话人或第三者的家人、亲属时需要用敬称,如对他人的父母要用"お父さん""お母さん",对他人的哥哥、姐姐要用"お兄さん""お姉さん"称呼。这与日语敬语的使用规则一致,反映了日本社会内外有别的文化意识。

　　亲属称呼语,除用于称呼亲属外,还可被用于称呼非亲属人员,即"虚拟亲属称呼"的用法。"这种称呼对象的转用现象在汉语和日语中都存在,但使用方法和礼貌功能是不同的"(卢万才,2013:54)。汉语的亲属称呼多用于非亲属的亲朋好友或陌生人,人们借此拉近与对方的距离。同时,人们通过较高辈分的亲属称呼表示对长辈的尊敬。这反映了以家庭为中心的尊老、重亲情的汉语文化意识。而日语亲属称呼用于非亲属时一般只限于小孩使用,使用什么样的虚拟亲属称呼主要参照社会上的绝对标准:如是否已婚,是否有小孩,是否退休;并在此基础上选择比较年轻的称呼,以表示对对方的尊重。例如,小孩子称年轻的未婚男子、女子为"お兄さん"(哥哥)、"お姉さん"(姐姐),而不是"おじさん"(叔叔)、"おばさん"(阿姨)。以上通过汉日"虚拟亲属称呼"的对比分析,明晰了日本人重视与对方保持距离的人际交往方式及辈分淡薄的文化意识形态。

　　(二)姓名称呼

　　汉语和日语称呼都有"姓＋名"的用法。汉日姓名称呼的主要区别体现在:汉语中直呼姓名的场合多,而日语中直呼姓名的用法较少,只限于上级对下级或亲密的人之间;汉语姓氏前加接头词"老""小"等的语言形式较多,而日语姓氏后加结尾词"さま""さん""ちゃん""くん"的语言形式较多。

　　日语姓名称呼语的使用规则特征表现在直呼其名的各种限制上。日语敬语体系发达,在日本人的语言习惯和意识里,"呼び捨て"是非社交性的不礼貌的语言行为,只用于父母称呼孩子、哥哥姐姐称呼弟弟妹妹、上司称呼下属等场合。此外,即使提及第三者也不允许直呼其名,名字后面一定要加上相应的接尾词。使用最普遍的日语称呼语是姓名后接敬语结尾词"さん",不分男女老少,一般都可用后接"さん"来表达。需要特别尊重的场合使用"さま",亲昵的场合使用"ちゃん""くん"。"○○さん"相当于汉语中的"××先生""××女士""××小姐""老×""小×"等称呼。另外,"さん"还可以接在职业后面构成职业称呼,如"運転手さん"(司机师傅)、"八百屋さん"(菜店老板)、"学生さん"(学生)。可以说,在汉语中没有一个能与日语"さん"相对应的、使用范围如此之广的词。

　　(三)职务称呼

　　汉语的职务称呼,无论是在集团内部还是集团外部都可以同样使用。但是,日语的职务称呼受到内外关系的限制。例如,对客户称呼自己公司的"鈴木社長"时,要去掉职务称呼,只称"鈴木"或"社長の鈴木"。日语职务称呼的"内外区分法"与敬语使用规则一致,反映了日本社会内外有别的文化意识。同时,这也反映了日本社会的集团主义意识。"集团内部虽然有着严格的上下级组织关系,但这种关系对外部集团不起作用。所以日本社会的外部集团之间关系优先于集团内部关系。而中国社会同日本完全相反,一般情况下集团内部的上下关系优先于外部关系"(卢万才,2013:55)。可谓不同语言的称呼语反映了不同的社会制度、人际关系。

(四)零称呼

"零称呼"指在话语中不使用称呼语。零称呼的现象在世界各国语言中均可见到,但在日语中特别显著。中国人在交际时,如果不使用称呼语,直接进入交际,会很不自然,有时会被认为不礼貌。即使面对不认识的人,人们也一般先用"师傅""先生"等社会通称或"大爷""阿姨"等虚拟亲属称呼,称呼后再进入话题。受日语语言习惯的影响,日本留学生在问路时会使用"对不起,请问去××怎么走?"这样的汉语表达。但中国人在向陌生人询问时,一般会先使用称呼语进行寒暄,特别是面对年长者,不使用称呼语的做法是极不礼貌的。水野マリ子(1998)指出:称呼语在现代汉语寒暄语中的地位,比它在日语中的地位重要得多。此外,受母语的影响,中国学生会单独使用称呼语进行问候,如单用"田中先生"(田中老师)和日本外教打招呼,这属于语用失误。按照日本人的语言习惯,应该使用"田中先生、こんにちは。"(田中老师,您好。)等进行寒暄。

从上例可知:汉语称呼语具有打招呼的功能,是社交礼仪中不可或缺的一环,而日语的称呼语仅仅是为了引起对方的注意,往往可以省略,或选择其他唤起对方注意的表达方式,如"すみません。"(你好。/请问。/对不起。),"失礼ですが。"(不好意思。),"ちょっとよろしいでしょうか。"(打扰一下。),等等。因此,汉语称呼语的使用远远比日语频繁。

三、对直呼其名的称呼方式的分析

笔者对所收集的外语学习环境中的16组对话进行分析后发现:8名学习者在12组对话的自我介绍环节中直呼对方姓名,直呼其名的现象共出现了19次。初次见面是一种社会距离、心理距离都较大的会话场景,按照日本社会规约,称呼对方时应在姓名后面加上"さん"。按理说,学习者在日语学习的入门阶段就已经掌握该知识点了。为什么使用日语进行交谈时,所有人都直呼对方的姓名呢?通过话语分析笔者发现:在三类场景里,出现直呼其名的概率较高。下文举例对这三类场景进行说明。

（一）听到对方自报姓名后作应答

如会话示例6-20所示，在自我介绍环节，当学习者重复对话者的姓名时，容易脱落"さん"。

(20)会话示例6-20　〈对上〉　CM1:21岁的学习者，男
　　　　　　　　　　　　　　JMO2:59岁的母语者，男

01　JMO2:私は刈屋と言います。

02　CM1:ああ、<u>刈屋</u>。

03　JMO2:刈屋、いまはあまり使わなくなった漢字。{書きな
　　　　　がら説明する}

04　CM1:ああ、そうですか。

05　JMO2:私の姓は刈屋と言います。名前は敏彦と言い
　　　　　ます。

06　CM1:ああ、<u>敏彦</u>。

在会话示例6-20中，当学习者CM1听完对方的自我介绍后，分别发话02和06，重复了对方的姓（刈屋）和名（敏彦）。CM1没有按照日语的习惯，在姓名后加上表示敬称的结尾词"さん"，结果，产出了直呼其名的语言形式。语料中，该类语境下的直呼其名最多见，19处中有13处属于该情况。

重复对方的发话，即听话人重复说话人发话的语用功能之一是：表示接收到对方的信息，同时对听到的信息做简单的确认。发话02和06的语言行为可解释为：面对"刈屋敏彦"（かりやとしひこ）这样一个生僻难懂的日本人名，学习者CM1将注意力集中在听懂对方的姓名上，重复姓名进行内化，但是由于没能兼顾表敬问题，又受母语迁移的影响，结果导致"さん"脱落。

同等语境下，母语者听到对方自报姓名后，是如何作答的呢？在下文的会话示例6-21中，当母语者JFS2听完学习者CF1的自我介绍后，她在"李""李杜"后面加上敬称结尾词"さん"进行回应（02、04）。

(21)会话示例6-21　〈对同〉　CF1:20岁的学习者，女
　　　　　　　　　　　　　　JFS2:21岁的母语者，女

01　CF1:私は李杜と申します。

02 JFS2:<u>李</u>さん。

03 CF1:李杜。

04 JFS2:<u>李杜</u>さん。

05 CF1:はい

（二）思考对方姓名的汉字写法

如会话示例6-22所示,学习者在思考对话者的姓名的汉字写法时,容易脱落"さん"。

(22)会话示例6-22 〈对上〉 　CF5:21岁的学习者,女

JFS1:22岁的母语者,女

01 JFS1:私は島村多希子。

02 CF5:<u>しまむらたきこ</u>。

03 JFS1:うん

04 CF5:<u>daocun</u>。

05 JFS1:duiduidui。おー、すごい。

在会话示例6-22中,当对方介绍完自己的名字后,学习者CF5挪开视线,自言自语似的一字一句重复着对方的名字(02)。通过后续访谈得知:此刻,CF5一边重复名字的念法,一边思考其汉字的写法。通过前后文也不难发现,CF5在思考"しまむらたきこ"所对应的汉字(04)。虽然大多数日本人也以汉字命名,但是其读音与汉语完全不同。所以,学习者在听到姓名的日语读音后,需将其转换成相应的汉字方能识记。因思考姓名的汉字写法而直呼其名的发话,在语料中共发现3例。

（三）询问对方姓名的日语读法

(23)会话示例6-23 〈对上〉 　CF3:21岁的学习者,女

JFO1:50岁的母语者,女

01 JFO1:長瀬敦子です。中国語呼びだと、changlai{CF3が
鞄から筆記用具を取り出してJFO1に渡した。
JFO1がそれを受け取って、ノートに「長瀬敦子」と
書いた}

02 CF3:<u>ながせ?</u>

03 JFO1:はい。{氏名に振り仮名をつけながら}

在调查录像中可以观察到:JFO1在纸上写了自己的姓名"長瀬敦子",随后CF3用升调询问"長瀬"的读音是否为"ながせ"(02),JFO1回答说"是",并在名字上方标注读音。在汉语和日语中,同一汉字的读音不同,而且相较于普通词汇,作为专有名词的日本人名,发音也较独特。另外,日本人名中的汉字,一般有好几种不同的读法。因此,对于平常较少接触日本人的学习者来说,日语姓名的读音是一大难题。故而,调查对象常常在自我介绍环节进行笔谈。本调查中,因询问对方姓名的日语读音而直呼其名的发话,共观察到3例。

（四）直呼其名的原因

上文通过会话示例,对自我介绍环节中学习者直呼姓名的三种语境进行了分析,发现其共性为:在这些语境下,学习者的认知资源主要集中在听懂对方姓名、识别对方姓名的读法与写法上;结果,没能兼顾礼貌问题,忘记使用表敬结尾词"さん"。无论是母语者,还是学习者,"注意力"(attention)都是影响语体选择的重要心理因素。实验证明:越是关注语言本身的活动,如阅读单词表,学习者的中介语产出就越接近母语者。本研究表明:注意力、关注度是造成直呼其名这一语用偏误的重要原因。

为什么学习者在不注意礼貌问题时容易脱落词缀"さん"呢？这是由汉日称呼语的使用规则不同所引起的:汉语直接使用姓名称呼对方的现象较普遍,大多数情况下都能以姓名互称;而日语的情况完全不同,日语一般不能直呼其名,需要加上"さん"等接尾词。

综上所述,直呼其名是礼貌意识欠缺与母语负迁移两个因素综合作用的结果,属于语用失误。

四、姓名称呼语的教学对策

称呼语是交际中使用十分频繁的表达和行为,它不仅是人际关系的体现,同时也起着调节人际关系的作用。所以,选择恰当的称呼语是促进人际和谐的重要手段之一。然而,研究表明,在跨文化交际中,学习者由于受母语语言文化的干扰,使用称呼语时易出现语用失误。欠得体的称呼会导致交际失败甚至交际冲突,引起交际双方的不和与摩擦。还有研究显示:在跨文化交际中,对于学习者的语音错误、语法错误等,母语者一般持相对宽容的态度;但是,对违反说话规则的语言行为,母语者却比较严苛,认为那是粗鲁、失礼的行为。有鉴于此,称呼语成为外语教学中必须教授的基本知识,而能够恰当地使用称呼语是必须培养的重要语言能力之一。然而,称呼语的地位、作用以及它所传递的文化信息与交际功能,在以往的外语教学中并没有得到充分的重视。

学习者把母语的称呼方式和使用规则套用到目标语上,这是引起偏误的重要原因。因此,对于着眼于跨文化交际能力培养的日语教学而言,仅仅在词汇层面上讲授日语称呼语是不够的。教师在授课时,可以运用对比分析的方法,系统地介绍汉语、日语的称呼语体系。除表达形式、使用规则外,还应对称呼语所反映的两国文化特征、民族心理、思维方式、交际习惯等进行考察。唯有在语言、文化两个层面上明确汉日称呼语的异同,方能减少汉语对日语的干扰,引导学习者正确掌握称呼语的用法。

汉语、日语姓名称呼语,使用层面的适用范围并非一样。"汉语应用得比较普遍。相比之下,日语敬语体系发达,直呼姓名用得较少。在日本人的语言习惯和意识里,'呼び捨て'(直呼其名)是非社交性的不礼貌的语言行为,因此,只限于用在上级对下级或亲密的人之间"(卢万才,2013:56)。语用能力需在具体的语境中培养,具体可以使用对比、举例、角色扮演等方法开展称呼语教学。首先,教师展示汉日姓名称呼语在表达形式、使用规则上的异同;接着,教师启发学生思考语言背后的社会文化特征;然后,教师可以列举上述误用实例及母语者的会话语料,引导学习者通过对比发现问题;最后,教师可以创设各类情景,在具体语境中反复操练,巩固知识。

五、小 结

以上在对称呼语的定义、分类、使用规则进行概述后,对汉语、日语的各类称呼语进行了梳理和对比。在此基础上,笔者聚焦姓名称呼语,采用话语分析的手法,从交际层面探讨了学习者直呼姓名的语境及原因。

研究结果表明,学习者直呼姓名的语境可归纳为以下三类:(1)听到对方自报姓名后作应答;(2)思考对方姓名的汉字写法;(3)询问对方姓名的日语读法。

究其原因,直呼其名是学习者受汉语思维方式的影响而发生的误用现象。汉语中直呼其名的适用范围比日语广得多,所以学习者稍不注意就可能将母语的称呼方式和语用规则迁移到目标语中,造成语用失误。此外,学习者将注意力集中在听取对方的姓名上,结果忽略语言表达的礼貌问题,这是学习者在自我介绍环节中直呼姓名的直接诱因。

　　作为教学对策,首先,教师应强调称呼语的文化功能和交际功能,提醒学生应该对称呼语的恰当使用问题引起充分的重视;其次,教师应从跨文化交际的视角出发,对汉日称呼语在语言形式、使用规则、社会意识等方面的异同展开系统的对比,明确两者的异同点有利于减少文化迁移和语用迁移;最后,教师应引领学生在具体语境中进行反复操练,促使语言知识、文化知识向语言能力、语用能力转化。

　　本研究采用的是质性研究中的话语分析法,调查对象仅限于一所高校的8名日语专业三年级学生,样本数量偏少,在地域和年级上也存在局限性,今后的重要课题之一是,增加学校数量和被试数量,开展实验调查,进行统计分析,对所得结论做进一步的验证。另外,称呼语的习得是一个庞大的研究领域,本书主要围绕姓名称呼语中的直呼其名现象进行了探讨,有关其他称呼语的习得情况有待今后进一步调查。

第七章　语体转换

　　本章探讨同一说话人在同一会话中的语体变动,即语体转换问题。关于语体转换的原因及功能的相关研究,已在第二章中梳理过。本章聚焦因句末没有附加"です"而成为简体的名词谓语句、形容词谓语句等,即"＋φ"问题。对比母语者与学习者的会话语料可以发现:比起母语者,学习者的发话中出现较多如"中国の東北""難しい""まだまだ"等没有附加"です"的简体句。考虑到现有研究没有充分讨论过此类语体转换问题,本章围绕"＋φ"展开探讨。首先,笔者通过具体会话示例解析"＋φ"的特征,探明学习者多用"＋φ"的原因;其次,聚焦"＋φ"频繁出现的自我介绍部分,对易出现"＋φ"的语境进行分析;然后,阐述"＋φ"对谈话产生的影响;最后,对"＋φ"的发展变化进行纵向考察。

第一节　什么是"＋φ"

　　本节首先列举会话示例,概述"＋φ"的特征,然后探究学习者多用"＋φ"的原因。
　　观察对话,可以发现学习者使用的"＋φ"包括以名词、形容词、副词、副助词、接尾词等结句的话语句。以下依次列举会话示例。
　　(一)以名词结尾的"＋φ"
　　(1)会话示例7-1　〈对上③〉　C1:学习者,[＋]
　　　　　　　　　　　　　　　JO2:60多岁的母语者,[0]
　　　　　　　　话题:C1的留学时间与专业
　　01 JO2:えー、じゃあ、えっ、何年目ですか?日本に来て、

02 C1:〈1秒〉<u>2年目。</u>

03 JO2:2年目?

04 C1:去年の9月来たんですよ。

05 JO2:あ、去年の9月?

06 C1:ちょうど1年間です。

07 JO2:あっ、そう。

08 JO2:そして何を勉強してます?

09 C1:<u>経営学。</u>

10 JO2:あ、経営学。

在会话示例7-1中,学习者C1在回答JO2的问题时,用了"2年目。"(第二年。)(02)和"経営学。"(管理学。)(09)。两者都为名词谓语句,都从上一句的敬体转换到简体。

(二)以形容词结尾的"＋φ"

(2)会话示例7-2　〈对上①〉　C2:学习者,[＋]

JO2:60多岁的母语者,[0]

话题:C2的专业

01 C2:T大学のなかで、経営学部とか、経済学部のなかで、1人[1つ]を選んで、なんかやっぱり興味を持って、ですから[持っているから]、経営学部に、経営学部を選びました。

02 JO2:あー、そうか。

03 C2:はい、なんか、<u>数学は苦手。</u>＾＾

04 JO2:＾＾。

05 C2:ですから、<u>経済はなんか、/難しい。</u>

06 JO2:　　　　　　　　　/でも、経済でもすごいあれでしょう。

07 JO2:やっぱし数字が必要でしょう。

08 C2:はい。

09 JO2:＾＾。

10 C2:<u>なんか数学は苦手。</u>＾＾

11 JO2:理数系じゃなくて、文科系?

12 C2:うん、はい。

在会话示例7-2中,C2表示"数学は苦手。"(不擅长数学。)、"経済は難しい。"(经济学很难。),这两句分别以ナ形容词和イ形容词结尾,均为简体句。

(三)以副词结尾的"＋φ"

(3)会话示例7-3 〈对上①〉 C1:学习者,[＋]

JY1:同等的母语者,[＋]

话题:C1来日本的次数

01 JY1:えっ、日本に来られたのは、何回目ぐらいですか?

02 C1:はじめて。

03 JY1:あ、はじめてなんですか?

04 C1:ん。

05 JY1:んー。

06 C1:はじめて。^^

在会话示例7-3中,C1使用了"はじめて。"(第一次。),同样为简体句。除此之外,会话中还出现了"まだ。"(还没有。)、"まだまだ。"(还远远不够。)等副词简体句。

(四)以副助词结尾的"＋φ"

(4)会话示例7-4 〈对同③〉 C1:学习者,[＋]

JS2:同等的母语者,[＋]

话题:会话收集

01 C1:私は今日、3人と喋ります。

02 JS2:あー、そうなんですか。

03 C1:これは2番目です。

04 JS2:2番目ですか。

05 JS2:私はまだちょっと聞いてないですけど。

06 C1:今日は何回、何人と?

〈1秒〉

07 C1:/私だけ?

08 JS2:/たぶん、同じ人数だと思いますよ。

09 C1:3人ぐらい?

10 JS2:3人ぐらいだと思いますね。

11 C1:えー。

12 C1:えっ、田さんからどのように知り始めたんです?

在会话示例7-4中,笔者观察到了以副助词"だけ""ぐらい"结尾的简体句。此外,在会话的其他地方还出现了"2時まで。"(到两点。)、"関西弁ばかり。"(全是关西腔。)等,以"まで""ばかり"等副助词结尾的简体句。

(五)以接尾词结尾的"+φ"

(5)会话示例7-5 〈对上①〉 C2:学习者,[+]

JO2:60多岁的母语者,[0]

话题:C2的留学生活

01 C2:実は私の学校F外国語学院とT大学なんかプログラムの交流があって【【

02 JO2:】Exchange?

03 C2:はい。

04 C2:ですから、T大学を選びました。

05 C2:今4回生の後期みたいで、来年もし試験に合格できたら、大学院に進むみたい。

在会话示例7-5中,"大学院に進むみたい。"(好像会升到硕士课程。),以接尾词"みたい"结句,语体从上一句"T大学を選びました。"(选择了T大学。)的敬体转换到了简体。

如以上会话所示:当话语句以名词、形容词、"まだ""はじめて"等副词、"ぐらい""だけ"等副助词、"みたい"等接尾词结句时,学习者容易将其说成简体,即"+φ"。为什么学习者经常使用"+φ"呢?可以从"ます/非ます"和"+です/+φ"的语言结构的差异中找到答案。"作为活用词尾的'ます/非ます形',说话时必须选其一。'+です/+φ'的情况则不同,与其说必须选择其中一种形式,不如说可以通过附加'です'来提高礼貌程度,所以其是自由选择项。"(寺尾綾,2010:132)换言之,学习者在生成动词谓语句时,必须从"ます"和"非ます"中择其一,但在生成名词、形容词谓语句时,只要说出名词、形容词就已完成语义表达。因此,话者对两者的感知度绝非一样。一旦不特别注意在句尾加上"です",就会产出"+φ"简体句。从以上考察可以发

现:学习者多用"＋φ",是由"ます/非ます"和"＋です/＋φ"的语言内部特征引起的。换言之,学习者使用的"＋φ"简体句,至少一部分是缘于语言因素,而非学习者主动选择的结果。

第二节　自我介绍中的"＋φ"

上一节阐明了学习者使用的"＋φ",很多时候与礼貌意识无关,而是受语言因素的影响。本节聚焦"＋φ"集中出现的自我介绍部分,采用与母语者的数据进行对比的方法,探讨"＋φ"的使用语境及特征。

樋口斉子(1996:75)将自我介绍定义为交换个人信息的语言行为,可以是自己主动提供信息,如"我来自×系×年级",也可以是以提问的方式向对方询问信息,如"你学什么专业"。樋口斉子(1996)对比分析了母语者交际场景和跨文化交际场景中的初次见面对话,发现两者的自我介绍存在以下区别:在母语者交际场景中,日本人在做自我介绍时,形式和信息都相对固定,而且中途不会岔开话题,会形成一个明显的"自我介绍部分";但是,在跨文化交际场景中,自我介绍的形式和内容都不像母语者交际场景那么固定,个人信息交换比较分散,没有形成明显的"自我介绍部分"。

本调查收录的会话数据显示了同样的倾向。首先,内容方面,在母语者交际场景中,话者会交换姓名、大学、专业、年级等固定信息;但在跨文化交际场景中未必出现所有上述信息。跨文化交际场景中的个人信息交换具有其独特性,如学习者的国籍、日语学习经历、留学时间等。其次,形式方面,在母语者交际场景中,姓名、大学、年级等个人信息的交换集中在会话的开头阶段;但在跨文化交际场景中,某个信息可能会发展为一个独立的话题,自我介绍就此中断,结果是自我介绍分散在会话的不同地方。

考虑到母语者交际场景和跨文化交际场景在自我介绍的内容和形式上存在差异,因此分析时不仅要关注会话的开头部分,而且还要将其他个人信息也列入考察对象。最后,分析结果显示,"＋φ"的语境可概括为以下三种:(1)就个人信息进行回答;(2)就个人信息进行说明;(3)就个人信息进行意义协商。下面通过会话示例进行说明。

一、就个人信息进行回答

如会话示例7-6、7-7所示,当被问到姓名、年龄、大学、专业、籍贯、学习、留学等个人信息时,学习者经常使用简体作答。为便于比较,以下还展示了母语者交际场景的会话示例7-8。

(6)会话示例7-6　〈对下①〉　C2:学习者,[0]
JY2:年少的母语者,[+]

话题:C2所在院系

01 JY2:こんにちは。

02 C2:こんにちは。

03 JY2:<u>どこの大学行ってはるんですか?</u>

04 C2:あっ、<u>T大学。</u>

05 JY2:あー、T。

06 JY2:<u>何学部ですか?</u>

07 C2:<u>経営学。</u>

08 JY2:えーー。

(7)会话示例7-7　〈对上③〉　C1:学习者,[+]
J02:60多岁的母语者,[0]

话题:C1的留学时间与专业

01 JO2:えー、<u>何年目ですか?</u>日本に来て、

02 C1:〈1秒〉<u>2年目。</u>

03 JO2:2年目?

04 C1:去年の9月来たんですよ。

(中略)

05 JO2:そして<u>何を勉強してます?</u>

06 C1:<u>経営学。</u>

(8)会话示例7-8 〈对上〉 JS1:大学生母语者,[+]

JO1:60多岁的母语者,[0]

话题:JS1的身份与籍贯

01 JO1:学生さん?

02 JS1:はい、いま大学3回生です。

(中略)

03 JO1:出身は?

04 JS1:出身は宮崎なんですよ。

在会话示例7-6中,JY2使用敬体提问:"どこの大学行ってはるんですか?"(你在哪个大学上学?),"何学部ですか?"(你在哪个学院?)。但是,C2使用"＋φ"简体回答,"Ｔ大学。"(Ｔ大学。),"経営学部。"(管理学)。同样,在会话示例7-7中,JO2使用敬体提问,"何年目ですか？日本に来て"(你来日本几年了),"何を勉強してます"(你学的什么专业)。但是,C1使用"＋φ"回答,"2年目。"(第二年。),"経営学。"(管理学)。回答对方的问题,属于"听者指向性"较强的话语句。因此,简体作答可能会给对方留下"态度冷淡、失礼"的负面印象。与此形成对比的是,在会话示例7-8中,面对JO1的提问"学生さん?"(你是学生吗?),"出身は?"(你老家哪里的?),JS1回答"いま大学3回生です。"(现在大学三年级。),"出身は宮崎なんですよ。"(老家是宫崎。)。可以发现,JS1在名词后面加上助动词"です",即使用敬体回答年长者的问题。

二、就个人信息进行说明

学习者判断日语母语者可能不熟悉中国的人名、地名,所以常常对出现的人名、地名等进行说明。如下文的会话示例7-9、7-10,该语境下易出现简体。而在母语者交际场景中,没有发现关于人名、地名的自发性说明。为便于比较,笔者找到了围绕姓名进行说明要求的会话示例7-11。

(9)会话示例7-9 〈对上①〉 C2:学习者,[+]

J02:60多岁的母语者,[0]

话题:C2的籍贯

01 JO2:じゃ,中国のどこ?

02 C2:出身地は遼寧省のＥＡ市。

03 JO2:ＥＡ。

04 C2:はい、ＥはＣ/という意味で、<u>Ａは太Ａ/のＡ。</u>

05 JO2:　　　　　/あー、そうやね。　　　　　/太ＡのＡ。

06 C2:はい。

(10)会话示例7-10　〈对下②〉　C2:学习者,[0]

　　　　　　　　　　　　　　　JY1:年少的母语者,[＋]

　　　　　话题:C2的姓名

01 C2:私は趙Ｍと申します。

02 JY1:趙Ｍさん、はい。

03 C2:<u>趙は、</u>あのう、中国の百家姓の一番目の漢字。

04 C2:あのう、<u>左は走る、右は肖。</u>

05 JY1:分かりました。＾＾

06 C2:あのう、ＭはＤ、という意味です。

07 JY1:あー。

08 C2:<u>Ｄ、あのう、なんか、花の名前。</u>

(11)会话示例7-11　〈对上〉　JS3:大学生母语者,[＋]

　　　　　　　　　　　　　　　JO3:60多岁的母语者,[＋]

　　　　　话题:JS3的姓名

01 JO3:よろしくお願いします。

02 JS3:よろしくお願いします。

03 JS3:わたくし、貝川Ａと申します。

04 JO3:〈1.5秒〉/か

05 JS3:　　　　　/貝川です。

06 JO3:どんな/字書く

07 JS3:　　　　　/ちょっと変わってる名前なんですけど、
　　　<u>貝殻の貝に、三本川で貝川/っていうんですけど。</u>

08 JO3:　　　　　　　　　　　　/あ、貝川さん。

09 JO3:別に普通の名前なのに、不思議な響きが(＾＾)ありま
　　　すね。

10 JO3:貝川さん、よろしく/お願いします。

11 JS3:　　　　　　　　　　/はい、よろしくお願いします。

在会话示例7-9、7-10中,学习者C2分别对自身的籍贯和姓名的汉字进行了说明,两者都为"+φ"简体句。在会话示例7-11中,母语者JS3也对自身的姓氏进行了说明,不同的是其使用了敬体。

三、就个人信息进行意义协商

初次见面对话,尤其是跨文化交际场景中的初次见面对话,由于交际者间缺乏共同的背景知识,所以会频繁地发生意义协商①(Varonis & Gass,1985)。如会话示例7-12所示,开展意义协商时,不仅学习者,母语者也经常使用简体。为便于对比分析,同时列举母语者交际场景的会话示例7-13。

(12)会话示例7-12　〈对下①〉　C1:学习者,[+]

　　　　　　　　　　　　　　　JY1:年少的母语者,[+]

　　　　　　　　话题:自我介绍

01 JY1:はじめまして。

02 C1:はじめまして。

03 JY1:えーと、田村Oって言います。

04 C1:<u>たみだ</u>。

05 JY1:<u>田村</u>。

06 C1:<u>田村</u>。

07 JY1:O。

08 C1:O。

09 JY1:はい、Oって呼んでください。

10 C1:O。

11 JY1:はい。

12 C1:程NNと申/します。

13 JY1:　　　　　/程…

---

① 意义协商是指,为解决交际中发生的理解问题而展开的会话(義永美央子,2002),它包括重复要求、确认要求、说明要求等语言行为(尾崎明人,1993)。

14 C1:程NN。

15 JY1:NN?

16 C1:Hとよむ[呼んで]、いいです。

17 JY1:はい。

18 JY1:よろしく/お願いします。

19 C1:　　　　　/よろしくお願いします。

(13)会话示例7-13　〈对下〉　JS2:大学生母语者,[＋]

　　　　　　　　　　　　　　JY1:年少的母语者,[＋]

　　　　　　　　　　话题:自我介绍

01 JY1:よろしくお願いします。

02 JS2:よろしくお願いします。

03 JS2:〈1秒〉えーと(はい)、あっ、〈1秒〉じゃ、自己紹介から
　　　　いきます。

04 JY1:はい。

05 JS2:T大学の文学部の、えーと、上Pと言います。

06 JS2:3回生です。

07 JY1:あっ、/よろしくお願いします。

08 JS2:　　　/よろしくお願いします。

09 JY1:私は、Q大学外国語学部V語専攻の、田村Oです。

10 JY1:一回生です。

11 JY1:よろしく/お願いします。

12 JS2:　　　　　/よろしくお願いします。

　　对比会话示例7-12、7-13可发现,母语者交际场景和跨文化交际场景中
的自我介绍,在谈话结构上显示不同:在母语者交际场景中,自我介绍进行
得比较顺利;但是,在跨文化交际场景中,自我介绍时出现围绕姓名的意义
协商。在会话示例7-12中,针对C1的误听"たみだ",JY1又说了一遍自己
的名字"田村",给出纠正性反馈,随后C1重复了JY1的名字"田村"。话语句
12—17则围绕C1的名字展开意义协商。JY1的发话"程…"可判断为重复要

求[①](尾崎明人,1993),意为没听清C1的话,希望她能再说一遍。收到JY1的重复要求,C1重复了一遍:"程NN。"紧接着,JY1重复道:"NN?"该句属于确认要求[②](尾崎明人,1993)。在跨文化交际场景中,由于话者间的语言、文化等背景不同,因此意义协商的现象较普遍。在意义协商的过程中,无论学习者,还是母语者,都经常使用"+φ"简体句。意义协商中频繁出现的"+φ"现象,可以说是跨文化交际场景的显著特征之一。该语境下,信息传达优先于礼貌问题。

以上聚焦"+φ"集中出现的自我介绍部分,探讨了学习者使用"+φ"的语言语境。初次见面,尤其是跨文化交际场景的初次见面,由于交际者之间缺乏共同的背景知识,所以他们会频繁地围绕个人信息展开互动,进行意义协商。在这些互动中,学习者经常使用"+φ"名词谓语句。换言之,在初次见面对话的自我介绍部分,存在较多诱发"+φ"的语境;在此背景下,学习者经常无意识地使用"+φ"。

第三节　作为语境化信号的"+φ"

在上一节的分析中,我们发现学习者在做自我介绍时经常无意识地使用"+φ"。本节运用互动社会语言学的"语境化信号"(Gumperz,1982)的概念,探讨"+φ"对初次见面对话的影响。

任何一个语言形式都存在几种不同的解释方式。在实际交流中,语言的释义又是如何实现的呢? Gumperz(1982:172)指出:语义内容和表层的语体之间存在习惯性的共起关系,根据此关系可以判断语言表达的含义。听话人在理解语言表达的含义时,会根据说话人发出的信号(信息的各种表层特征)进行解释,这些特征统称为"语境化信号"(Gumperz,1982)。具备语境化信号功能的语言特征包括:词汇/句法的选择、副语言、韵律现象、语码转

---

① "重复要求"是指,在没听清或听懂对方所说的话语时,要求对方再说一遍的语言行为(尾崎明人,1993:21)。

② "确认要求"是指,在对自身的听力缺乏信心时,要求对方再说一遍,进行确认的语言行为(尾崎明人,1993:21)。

换^①、语体转换等等。人们在交际中习惯性地使用或感知语境化信号,但大部分时候是无意识的。语境化信号的选择具有社会性、文化性。因此,在跨文化交际中,话者间缺乏对彼此语言文化中语境化信号的共同知识背景,可能会导致信息理解困难、沟通障碍等问题(高木佐知子,2008:226)。

　　以下,笔者先通过会话示例对"＋φ"下行转换在母语者交际场景中如何发挥语境化信号的功能进行分析;然后,讨论学习者无意识地使用"＋φ"对交际带来的影响。

　　(14)会话示例7-14 〈对同〉 JS1:大学生母语者,[0]

　　　　　　　　　　　　　　JS2:同等的母语者,[0]

　　　　　　　　话题:自我介绍

01 JS1:はじめまして。

02 JS2:はじめまして。

03 JS1:T大学、3回の、文学部の、野崎Mです。

04 JS2:あ、同じですね。

05 JS2:私も文学部の、3回生の上Pって言います。

06 JS1:えっ、Gから?

〈1秒〉

07 JS1:五十島G?

08 JS2:はい。

09 JS1:あーー、じゃ、一緒だ。

10 JS1:そうやそうや。

11 JS1:えっ、何学科?

12 JS2:えーと、東洋史。

13 JS1:東洋史?

14 JS2:ん。

15 JS1:東洋史誰かおったっけな。{小さい声で}

16 JS2:専攻、何?

17 JS1:専攻は、そうび、総合プログラム。

---

　　① 语码转换是指,在同一个会话中,说话人根据听话人、情境、话题等因素切换使用不同语言的现象(服部圭子,2008:230)。

18 JS2:あー。

在会话示例7-14的开头部分,JS1和JS2都选择了敬体。通过06—09的交流,两人发现是经同一个人介绍参加本次调查的。以此为契机,JS1切换到了简体。在话语句11中,即使是听者指向性较强的疑问句"何学科"(你是哪个系的),JS1也使用了简体。察觉到JS1的下行转换,JS2的语体也从敬体切换到了简体:"私も文学部の、3回生の上Ｐって言います。"(我也是文学学院三年级学生,名叫上Ｐ。)(05),"東洋史。"(东洋史。)(12)。紧接着,JS2也使用听者指向性较强的简体疑问句"専攻、何?"(16)询问了JS1的专业。这之后的会话,两人一直维持着简体。

从以上对话可以发现:对话者通过协商互动共同决定语体。JS1率先从敬体切换到简体(03→06),这里的下行转换起到语境化信号的作用,向JS2传达"我们不要这么拘谨,不如放轻松点,都改用简体吧"的信号。JS2接收到JS1发出的信号后,做出回应,也将语体从敬体切换到简体(05→12)。从上述分析可以看出:下行转换作为语境化信号发挥着重要作用,这在母语者之间是一种共识。

在跨文化交际场景中,语体转换是否也发挥着语境化信号的功能呢?在下面的会话示例7-15中,母语者JY3将学习者C1无意中使用的"＋φ"理解为语境化信号,结果引起了误解。

(15)会话示例7-15 〈对下②〉 C1:学习者,[0]
JY3:年少的母语者,[0]
话题:自我介绍

01 JY3:はじめ/まして。＾＾

02 C1:　　　/よろしく。＾＾

03 JY3:/よろしくお願いします。

04 C1:/よろしくお願いします。

〈0.5秒〉

05 C1:私、程NNと申します。

06 C1:程度の程。

07 JY3:程度の程。

08 C1:ん、NN。

09 JY3:NN。

10 JY3:何と呼べばいい?

11 C1:NNでいいですよ。＾＾

12 JY3:NN。

13 C1:お名前は?

14 JY3:Vのぞみ。

15 JY3:のぞみって呼んで。

16 C1:のぞみちゃん?

17 JY3:ん、そう。

18 C1:普通の友達はのぞみちゃんと呼びますか?

19 JY3:〈0.5秒〉ん、/いろいろ＾＾

20 C1:　　　　　　/あ、そうですか。

在对话开头,寒暄过后,C1做了自我介绍"程NNと申します。"(我叫程NN。)(05),紧接着使用"＋φ"对姓名进行了说明:"程度の程"("程度"的"程")。(06),"NN。"(08)。JY3注意到C1的下行转换,将其解释为接下来使用简体的信号,于是在随后的话语句10中使用简体进行提问,"何と呼べばいい?"(怎么称呼?)。然而,出乎意料的是,C1使用敬体进行回答:"NNでいいですよ。"(叫我NN就可以了。)。在接下来的对话中,每当遇到名词谓语句,C1就转换到简体,如话语句16,而其他地方则维持敬体,如话语句18、20。

在会话结束后的采访中,JY3这样形容C1的说话方式:"会话刚开始,也就是刚进房间没多久的时候,C1用了简体,所以我也跟着用了简体。但是,她敬语也用得挺多的。不过,也不是全部用敬语。应该是敬简体混着用吧。"从JY3的描述中不难看出:C1在会话一开始发起的下行转换(05→06),在JY3看来是"我们改用简体聊天吧"的语境化信号。但是,随后C1又回到了敬体(08→11)。这在JY3看来是很难理解的现象,也对她的语体选择带来了困扰。按照日语的习惯,如果话者双方使用语境化信号将会话设为简体基调的话,则一般不会再回到敬体,也不会随意地混合着使用两种语体。以上是学习者下意识的"＋φ"发话被母语者当成语境化信号后引起误解的整个过程。

综上所述,"＋φ"的下行转换,在母语者交际场景中发挥着语境化信号的功能;但在跨文化交际场景中,由于学习者缺乏相关社会语言学知识,结果引起了误解。Gumperz(1982:280)从相互行为的视角探讨了交际能力,将其定义为"为确保沟通顺畅,交际者需具备的语言知识、交际常识等"。也就是说,交际者不仅需具备词汇、语法等语言知识,还要具备语境化信号等社会语言学知识,后者同样重要。因此,为确保沟通顺畅,避免引起交际摩擦,有必要向学习者教授语体转换的语境化信号功能,这是重要的交际教学任务之一。

第四节　"＋φ"的纵向变化

　　上文对学习者多用"＋φ"的原因、"＋φ"容易出现的语境以及学习者无意识地使用"＋φ"对交际带来的影响进行了分析。本节探讨"＋φ"的纵向变化。

　　在分析"＋φ"的纵向变化时,由于每个会话的话题有所不同,意义协商的频次也不一样,所以如果只是单纯地进行数量上的比较,方法论上欠妥当。因此,本节把分析对象锁定在出现频率较高且听者指向性较强的"＋φ"上。具体操作方法为:聚焦学习者在自我介绍中回答对方问题时所使用的语体,以此窥探"＋φ"的纵向变化。笔者将自我介绍中学习者回答对方问题时使用的"＋φ"和"＋です"话语句数总结在表7-1。考虑到学习者在使用"よ""ね"等终助词时,容易不自觉地说成"～ですよ""～ですね",所以,统计时剔除了带有终助词的话语句。

表7-1　学习者在自我介绍中回答对方提问时的"＋φ/＋です"话语句数

学习者	调查时间	〈对上〉		〈对同〉		〈对下〉	
		＋φ	＋です	＋φ	＋です	＋φ	＋です
C1	第一期	1	0	4	0	1	1
	第二期	4	1	4	0	2	1
	第三期	4	0	0	0	1	0
C2	第一期	7	0	1	0	4	0
	第二期	2	0	3	0	0	1
	第三期	3	4	1	4	2	2

续表

学习者	调查时间	〈对上〉		〈对同〉		〈对下〉	
		＋φ	＋です	＋φ	＋です	＋φ	＋です
C3	第一期	2	0	0	0	0	0
	第二期	7	0	1	0	2	0
	第三期	3	0	1	0	1	0

从表7-1可以看出：虽然存在个体差异，但所有学习者在调查各期中都使用了"＋φ"。关于学习者是否根据对话者区分使用"＋φ"的问题，笔者没有发现该倾向。值得特别注意的是，在有些会话中，〈对上〉的"＋φ"反而多于〈对同〉〈对下〉，如C1的第三期、C2的第一期、C3的第二期。造成此现象的原因是：按照日语规范，〈对上〉中年长的一方可自由选择语体，所以会有母语者从会话一开始就使用简体提问，而学习者受简体疑问句的影响，不自觉地使用简体进行回答（田鸿儒，2023）。

接下来，我们探讨"＋φ"的纵向变化。首先，关于C1和C3，从调查第一期到第三期，始终都是"＋φ"的数量远多于"＋です"。C2的情况却有所不同，在调查第一、二期，"＋φ"的数量多于"＋です"，但到第三期，"＋φ"和"＋です"的数量分别为6与10，形势出现了反转。从采访中笔者得知，C2自身也注意到了"＋φ"问题。C2在第二期〈对上〉的开头被问到"日本に来て何年?"（你来日本几年了？），她回答"半年間。"（半年。）。C2在会话结束后的采访中反思道："在会话开头用了简体。"由于注意力的持续性问题，在接下来的会话中C2也使用简体回答问题。例如，在该对话进行到6分钟左右的地方，对话者问"いま何歳?"（现在几岁？），C2回答"22歳。"（22岁。）。简言之，C2在第二期时已经注意到了"＋φ"问题，但由于很难做到在思考会话内容、组织语言的同时注意语体问题，因此仍会无意识地使用"＋φ"。

在二语习得中，没有选择性注意就不会有习得发生。对照C1、C2、C3这3位学习者的"＋φ/＋です"使用数与语言意识后，笔者发现：没有注意到"＋φ"问题的C1、C3，在整个调查期间，"＋φ"的数量一直没有减少；而意识到"＋φ"问题的C2，虽然由于注意力等问题，"＋φ"现象仍存在，但"＋です"的数量递增，到第三期时超过了"＋φ"。

以上聚焦学习者在自我介绍中回答对方问题时所使用的语体，分析了

"＋φ"的纵向变化。3名学习者中有2名,在一年调查期间一直没有注意到"＋φ"问题,一直无意识地使用"＋φ"。从上述分析结果来看,要引起学习者对"＋φ"问题的关注,单靠自然习得,效果有限。如果不通过教学进行干预,可能会引起石化现象。

第五节　小　结

本章就学习者身上较多出现的语体转换"＋φ"——由于没有在句尾加"です"而成为简体的名词谓语句、形容词谓语句等,进行了分析与考察,主要结论如下。

首先,笔者观察语料发现"＋φ"包括以名词、形容词、副词("はじめて""まだ"等)、副助词("だけ""ぐらい"等)及接尾词("みたい")结尾的简体句。学习者之所以多用"＋φ",是因为动词谓语句必须从"ます/非ます"中选其一,而名词、形容词谓语句无须在句尾加"です"就能完成语义表达,所以,一不留神就会变成"＋φ"简体句。"＋φ"现象是由语言因素,即语言内部特征引起的。

其次,"＋φ"集中在自我介绍部分,易出现在以下三种"＋φ"语境中:(1)就个人信息的提问进行回答时。(2)就个人信息进行自发性说明时。(3)围绕个人信息展开意义协商时。初次见面,特别是跨文化交际场景下的初次见面,由于交际者间缺乏共同知识背景,因此双方围绕姓名、籍贯等个人信息频繁地展开互动,进行意义协商。在该背景下,学习者常常不经意间使用"＋φ"名词谓语句。

接着,笔者从相互行为的社会语言学的视角,探讨了"＋φ"对交际的影响,通过话语分析阐释了学习者无意间使用的"＋φ",可能会被对方理解为"接下来使用简体聊天"的语境化信号,结果引起误解,造成混乱。

最后,笔者聚焦自我介绍中学习者在回答对方的提问时所使用的语体,分析了"＋φ"的纵向变化。结果发现:学习者C1和C3始终没有注意到"＋φ"问题,调查全程"＋φ"没有减少的倾向;此外,C2在调查第二期时觉察到了无意间使用"＋φ"的问题,虽然由于注意力的持续性问题,"＋φ"现象仍存在,但是"＋です"的数量递增,第三期时超过了"＋φ"。关于学习者是否根据对话者区分使用"＋φ"的问题,本调查没有发现规律。根据以上分析结果,笔者认为单靠自然习得较难解决"＋φ/＋です"问题,提倡在课堂教学中导入相应指导,促使学生提高对"＋φ"的关注,化无意识的语言使用为有意识的语言行为。

第八章　结　语

　　作为一项个案研究,本研究共探讨了11名中国日语学习者的语体选择与发展。本章对研究结果进行综合考察,得出结论,同时阐述本研究存在的不足及今后的研究方向。

第一节　我国日语学习者的语体发展机制

一、各章概要

　　第一章在论述研究背景后设定研究目的,阐述研究意义。人们只要一开口说日语,就会面临敬体和简体的选择,所以语体选择是一个无法避免的问题。从语体选择可以窥探交际者间的上下关系、亲疏距离等,所以语体不仅是语言问题,更是语用问题,不恰当的选择会给对方留下不良印象,影响人际关系,阻碍沟通。根据交际对象、场景等因素选择恰当的语体,被日语教育界认为是最难习得的语言项目之一。一方面,对以汉语为母语的日语学习者而言,由于母语中不存在与日语相似的敬语体系,所以较难理解敬体和简体、狭义敬语(尊他语、自谦语)和普通语的不同社会文化意义,这成为学习难点之一。另一方面,传统的语体研究集中在横向调查,以解明语体习得过程与机制的纵向调查非常缺乏。基于上述研究背景与研究缺口,本研究采用"混合研究法",综合考察中国日语学习者的语体发展规律。

　　第二章在对相关研究进行整理后提出了本研究的定位。本研究的分析对象包括句末形式(敬体/简体)和词汇层面(敬语、方言、称呼语)的选择。这既是语言多样性(变异/变体)问题,同时又是礼貌(语体)问题。因此,本章对以上两个研究领域的主要相关文献进行了梳理和介绍。变异/变体研究属于社会语言学的重要研究领域之一,研究出发点为肯定语言的多样性。此研究领域不仅探讨母语者的语言多样性的起因,还从二语习得的视角提出了诸多关于中介语变异、变体切换的重要理论。语体研究则是从话语层面探讨日语敬语的实际使用问题的研究领域,主要聚焦句末敬体和简体的区分使用,也有部分研究同时关注尊他语、自谦语等词汇层面的选择。学界已经积累了丰富的研究成果,包括:母语者进行语体选择的影响因素、语体转换的语用功能、学习者的语体习得状况、学习者进行语体转换的语境条件等。本研究将变异和语体这两个不同但相关的研究领域整合在一起,同时吸收两个研究框架的优势,旨在多层面多维度地探讨学习者的语体发展问题。

第三章介绍了研究方法,包括调查方法与分析方法。本研究作为个案研究,以国内高校日语专业三年级的8名学习者,以及在国内高校日语专业学习3年后赴日留学的3名学习者作为研究对象,收集学习者与母语者间的初次见面对话,探讨学习者是否、如何根据对话者的年龄区分使用语体,以及纵向习得过程与发展规律。为便于与学习者的语体选择进行对比分析,笔者同时收录了同等条件下的母语者交际场景中的初次见面对话。此外,笔者还实施了访谈调查及OPI测试:访谈的目的是把握学习者的语言意识和语言接触环境;OPI测试的目的是测量学习者的口语会话能力。通过多渠道多种手段的资料收集,本研究尽可能真实、全面地记录学习者的语体选择状况,并尝试解明其语体习得机制。

第四章至第七章展开了具体的分析考察。其中,第四章聚焦外语学习环境中的学习者,第五章和第七章的考察对象为二语习得环境中的学习者,第六章包括两者。

第四章对国内高校日语专业8名学习者的语体选择进行了分析,探讨了外语学习环境中的语体习得特征及其影响因素。研究表明:(1)学习者的语体选择呈现出与母语者很不一样的特征。(2)学习者在语体选择上个体之间的差异非常显著。(3)语体知识欠缺、注意力持续困难、容易受对方说话方式影响等都是影响学习者语体选择的重要因素。(4)母语者的简体疑问句、修正性反馈、艰涩难懂的日语表达都会左右学习者的语体选择。

第五章以基调语体的设定为中心,探讨了3名"3+1"中国留学生的句末语体,即敬体和简体的选择与发展状况。分析结果表明:学习者的语体选择个体差异显著。以下分别在总结3名学习者的语体选择特征后,综合讨论语体发展机制。

C1细致观察身边母语者的日语表达,积极吸收在大学和打工的地方所获得的语言输入,主动调整、重新建构自身的语体选择规范。与母语者相比,C1的特征可总结为以下三点:(1)在判断由相对年龄引起的上下关系时,受母语文化规则的影响。(2)受语言因素("+φ")和心理因素(情感、注意力)的影响,出现无意识的语言使用。(3)会话中确立简体基调的时间晚于母语者,结果表现为简体比例较低。

C2的语体选择特征可总结为以下两点:(1)受母语文化规则、语用规则的影响较显著。具体表现为:遵循尊老爱幼的传统思想美德,面对长辈时,为表示敬意,持有强烈的敬体规范意识;而当对话者为同辈时,认为无须考虑语体问题。(2)无意识的语言使用问题较显著。具体可以从以下方面管窥:与C2内省时所描述的语体选择标准不同,实际会话时她根据心理距离选择语体;可观察到较多"+φ""です/ます+よ/よね"现象。

C3在语体选择上的显著特征为:语言接触环境直接反映在会话的语体选择上。具体表现为:(1)受日本青春偶像剧中通俗话语体的影响,第一期时只使用简体基调。(2)受兼职场景中的谨慎语体的影响,语体的无标形式逐渐从简体向敬体转变,敬体使用率以每期20%的幅度递增。关于是否根据对话者区分使用语体的问题,每一期调查的3组会话,其语体分布都非常相似,没有观察到区分使用。原因之一是:比起语体等语言形式问题,C3更加重视思想表达、语言流畅,把注意焦点放在交际内容上。

基于上述分析结果,学习者的语体习得特征可归纳为以下三点:

首先,语言接触环境对学习者的语体习得产生重大影响。C1作为典型的分析型学习者,她从日常学习生活的语言接触、语言输入中开展分析性的学习,并实时修正、重建语体选择规范。C2观察日本同学的语言使用情况,建构了自己的语体选择规范:当交际对象为同辈时,无须注意语体问题。C3作为典型的记忆型学习者,日常语言接触情况直接决定了她的无标语体形式,并左右着交谈时的语体选择。可见,3名学习者都或多或少、或这样或那样地受到了语言接触环境的影响。但是,3名学习者受到环境影响的程度及样态又是各不相同的,这与学习者的认知风格、性格态度等个体特征相关。例如,C1属于重视正确性的"规则形成型学习者"(Hatch,1974),她仔细观察母语者如何使用日语,每当有新的发现就及时调整自身的语体选择规范。

C3则是一个不愿对规则进行分类、注重语言流利度的"资料收集型学习者"（Hatch,1974），语体选择完全受制于当下的语言接触情况。简言之，毋庸置疑，语言接触会影响语体发展，但是，其影响方式与影响程度却因人而异。

其次，3名学习者在调查期间一直把〈对同〉和〈对下〉的对话者都认定为"同等"关系。此现象反映了：学习者在选择语体时受母语文化、语用规则的影响。在判断由相对年龄所引起的上下关系时，日本人会留意几岁的年龄差距，而中国人则以更大的尺度——辈分来判断。调查结果显示：学习者遵循母语规范，从辈分的视角认知人际关系。至于实际会话中是否发生母语迁移，主要取决于学习者如何看待目标语与母语之间的距离。比起其他两名学习者，发生更多母语迁移的C2主观上认为日语和汉语之间的语言距离较小。

最后，学习者语体选择的另一大特征是无意识的语言使用现象显著。受心理因素（心理距离、注意力、固定语块"です/ます＋よ/よね"）和语言因素（"＋φ"）的影响，学习者经常无意识地使用语体，结果是语体选择与意识规范不一致，有时甚至截然相反。

综上所述，学习者的语体习得受语言接触、母语规约、心理因素及语言因素等诸多因素的影响。

第六章探讨了词汇层面的语体选择，主要围绕狭义敬语、关西方言、姓名称呼语的习得状况与发展规律展开论述，以下是主要分析结果。首先，从使用数量、语言形式、疑问句中的敬语三方面，对狭义敬语的发展进行了考察。

从使用数量上看：(1)学习者的敬语使用数总体上较少；(2)关于根据交际对象区分使用敬语的问题，母语者在〈对上〉中使用的敬语数一定多于〈对同〉〈对下〉，而学习者没有表现出该倾向；(3)3次调查中，学习者的敬语使用数一直停留在较低水准，且1年间没有发生显著变化。

关于敬语的表达形式，除自我介绍时的语言定式"申す"外，笔者没有发现其他敬语动词。另一方面，如"ご出身""お子様"，由前缀词、后缀词构成的名词敬语，表达的多样性逐渐增加。从上述结果可以判断：通过附加前缀或后缀构成的名词性敬语，其习得领先于动词性敬语。此习得倾向与敬语处理的复杂程度成正比。对于名词性敬语，只需在已掌握的名词的前后加上"お""ご""さま""さん"等词缀即可，操作较简单。而对于动词性敬语，需先记住"おっしゃる""申し上げる"等特殊动词或"お/ご～になる""お/ご

"～する"等语法句式,然后再进行动词变形操作。在由语法规则的复杂性(语言结构层次)和语言处理过程的复杂性(心理层次)引起的难度上,动词性敬语要远远大于名词性敬语,这是动词性敬语习得滞后的原因所在。

关于疑问句中的敬语使用问题,母语者和学习者之间存在较大差异。向对话者提问时,母语者一般同时使用敬体和狭义敬语,但是学习者仅使用敬体。此外,语料中观察到学习者积极使用广义敬语,如委婉表达"でしょうか"。这一点在C1身上特别明显。她通过超市收银员的兼职工作,自然习得"でしょうか",会话时积极输出该句式。学习者之所以积极使用"でしょうか",是因为直接将其与"ですか"替换即可。相较于狭义敬语,该操作所需的认知资源较少,且生产性也较高。

接着,笔者从方言接受意识、实际使用状况及方言对人际关系的影响等三方面,探讨了关西方言的习得情况。

在方言接受意识上,3名学习者之间存在差异:C1认为关西方言听上去粗鲁,对其持负面印象,且认为没有学习方言的必要性。C2一开始也认为方言不好听,没必要学,但和大学里的同学、老师等关西方言使用者直接接触后,C2对方言逐渐产生了好感,且自身也有时会下意识地使用方言。C3在留学前就已经通过日本的电视节目对关西方言有所了解,她觉得关西方言的发音很特别、很有趣。C3留学后基于从同学朋友那里得到的语言输入,在自然习得环境中学习方言。但是,由于担心方言成为优势语言,C3有意识地控制方言的使用。综上所述,从C2的意识变化可以发现:当学习者身处方言社区,有机会直接和方言话者接触时,其方言印象可能会发生变化。此外,C3的事例反映了在互联网极其发达的现代社会,学习者对方言的印象有可能受该因素的影响。

关于方言的实际使用状况,第一期调查时笔者没有发现相关使用,但第二期之后所有学习者都使用了方言。可以说,随着留学时间的推移,学习者逐渐地掌握了方言。学习者使用的方言有"めっちゃ""ほんまに""しんどい""やばい""や""やん""で"等。"めっちゃ"的意思为"非常に、大変に","ほんまに"是"本当に"的关西方言表达,"や"相当于标准话中的断定助动词"だ","やん"对应于"じゃん"。由此可以发现:学习者使用的方言与标准语中的某个词汇或语法功能一一对应,使用时只要进行简单的替换即可。通过以上考察可知:学习者并非把方言完全作为一种新的语言进行学习,而是基于已经掌握的标准语,优先习得、率先使用与标准语相对应的方言形式。

　　3名学习者使用"めっちゃ"较多,笔者推测原因有二:一是语言接触环境、语言输入,学习者在日常生活学习中接收到"めっちゃ"的输入较多;二是语言因素,相较于语言的其他方面,词汇的独立性较高,容易引起人们的注意。

　　被称为关西方言特征之一的终助词,本研究仅发现5例,具体为:"やん"4例、"で"1例。通过话语分析,笔者发现:当学习者强烈地表达某种观点或情感时,可能会使用方言终助词。

　　运用礼貌理论对方言的人际效果进行分析后,笔者发现:方言作为一种"辟体身份标识"(一项积极礼貌策略),具有拉近交际者间心理距离的语用效果。笔者通过采访得知,学习者希望能和对方进行轻松愉快的沟通交流。所以,可以说方言使用与学习者的交际目标相吻合。

　　最后,关于称呼语,直呼其名的现象较显著,其使用场景可归纳为以下三类:(1)听到对方自报姓名作应答时;(2)思考对方姓名的汉字写法时;(3)询问对方姓名的日语读法时。究其原因,直呼其名是学习者受汉语思维方式影响而发生的误用现象。即,汉语中的直呼其名,其适用范围比日语宽泛得多,但学习者直接将母语的称呼方式和语用规则迁移到目标语中去,造成语用失误。此外,会话时学习者将注意力集中在听懂对方的姓名上,结果没能顾及语言表达的礼貌问题,这是导致学习者在自我介绍环节直呼其名的直接原因。

　　第七章对中介语特征显著的语体转换"＋φ"进行了分析考察。"＋φ"是指,由于没有在句尾附上"です"而成为简体的名词谓语句、形容词谓语句等。分析结果显示:学习者多用"＋φ"是由语言因素,即语言内部特征引起的。使用动词谓语句时,须在"ます/非ます"中选其一,而名词、形容词谓语句,只须说出名词、形容词就已完成语义传达的功能,因此,如果不特别注意在句尾附上"です",就会成为"＋φ"简体句。

　　笔者聚焦"＋φ"集中出现的自我介绍部分,对具体的使用语境进行了分析,结果提取出以下三类:(1)就个人信息回答对方的提问;(2)对个人信息进行自发性说明;(3)围绕个人信息开展意义协商。研究发现:初次见面对话,特别是跨文化交际场景中的初次见面对话,由于交际者间缺乏共同知识背景,因此会频繁地发生围绕个人信息的意义协商,其间学习者会无意识地使用"＋φ"名词句。

本书从互动社会语言学的视角讨论了"＋φ"对会话的影响,结果发现:学习者无意间使用的"＋φ",可能会被对话者解释为语境化信号,结果引起误解。

关于"＋φ"的纵向变化,学习者间表现出不同的特征倾向:C1和C3在一年调查期间始终没有注意到"＋φ"问题,使用数量也一直没有减少;而C2注意到了"＋φ",由于注意力的持续性问题,虽然会话中仍存在无意识地使用"φ"的现象,但"＋です"的数量递增,第三期时超过"＋φ"。至于学习者是否根据对话者区分使用"＋φ",本次调查没有发现特定的规律。

以上是对第一章到第七章的主要内容的总结。本研究的目的是,通过记录学习者的语体选择,解明其语体发展规律。以下对上述分析结果进行综合考察,探讨学习者的语体发展机制。

二、日语学习者语体转换能力发展机制

通过本研究的分析考察,我们明确了句末语体和语级语体的习得机制有所不同。图8-1和图8-2分别总结了两者的习得机制。句末语体必须在敬体和简体之间择其一,而语级语体,如果不特意使用狭义敬语、方言,使用普通词汇即可,所以两者性质不同。下面依次对图8-1和图8-2进行说明。

(一)外语学习环境:国内高校日语学习者的语体选择

此调查的研究对象为中国南方一所四年制普通高校日语专业三年级的8名学生,男女各4名,主要分析结果有六。

(1)学习者的语体选择有别于母语者,中介语特征显著。母语者根据对话者的年龄明确地区分使用语体,而8名学习者中有7名没有根据对话者的年龄选择语体。

(2)在语体选择上,学习者间的个体差异显著。8名学习者中有1名根据对话者的年龄选择语体,6名没有区分使用语体的意识,其中3名不考虑语体的语用功能。

(3)笔者考察影响学习者语体选择的因素,除母语者交际场景的"社会条件、心理条件、语境条件"外,还发现了学习者身上特有的影响因素:①语体知识欠缺;②注意力持续困难;③易受对话者说话方式影响。

(4)母语者的语言行为在很大程度上影响着学习者的语体选择,如:①简体疑问句;②修正性反馈;③艰涩难懂的日语表达。本研究通过自然语料揭示了协商互动对跨文化交际场景中语体选择的影响。

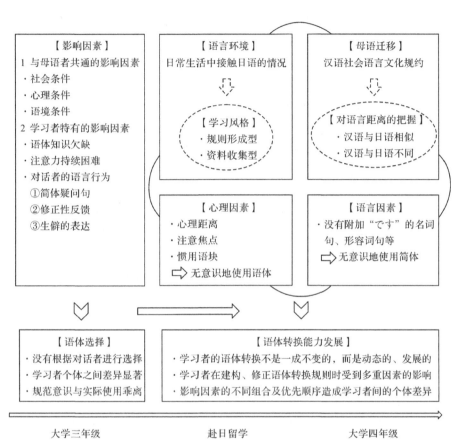

图8-1　日语学习者句末语体转换能力发展机制

（5）学习者的语体规范意识与实际语言产出之间往往不一致。受注意力持续困难、对话者交际风格的影响,学习者的语体选择或呈现出能较好根据交际对象区分使用的假象,或出现对年长者反而使用更多简体的异常现象。

（6）虽说语体是日语的一大特点、教学重点与难点,但其在实际教学中并没有引起充分的重视。笔者通过访谈得知,教师没有对敬体、简体的语用功能及使用规则做详细的讲解,也没有安排相应的练习,这是造成学习者不能恰当选择语体的重要原因之一。

（二）二语习得环境:赴日留学生的语体转换能力发展

此调查的研究对象为中国北方一所四年制普通高校日语专业三年级的3名学生,她们完成3年学业后赴日留学,主要分析结果有六。

(1)中介语的语体选择有别于目标语,具有其独特性;学习者的语体转换能力发展轨迹表现出显著的个体差异性。

(2)诸多因素影响语体发展,如:①语言接触环境;②汉语语言文化规约;③心理因素;④语言因素。影响因素的相互交叉,以及因素之间的相互作用,形成学习者间的个体差异性。

(3)语言接触环境通过学习者的认知/学习风格、性格态度等个体特征作用于语体发展。"规则形成型学习者"密切关注、仔细观察母语者的语言使用并形成规律性的知识,同时不断调整、重建语体选择规范;"资料收集型学习者"重视语言表达的流畅性,不太注重语体等语言形式。

(4)学习者选择语体时受母语,即汉语语言文化规约的影响。学习者基于母语文化判断交际者间的相对年龄及由年龄引起的上下关系;学习者对汉日双语间的语言距离的主观认识,会影响母语迁移的程度、频率与表现。

(5)中介语语体的另一大特征是无意识的语言使用较多。受心理因素(心理距离、注意焦点、语法结构的集合)和语言因素(没有附加"です"的名

【狭义敬语】	【关西方言】	【姓名称呼语】
·整体上使用数量少 ·追踪调查显示纵向变化不明显 ·优先习得语法规则和语言处理较简单的语言形式 ·在听话者指向性较强的疑问句中没有使用敬语	·方言态度、接受意识存在显著的个体差异 ·与方言使用者的接触经验、网络传媒会影响学习者的方言意识 ·随着留学时间的推移,渐进式地习得方言 ·优先习得与标准语相对应的语言形式	·汉语中直呼其名的场合多于日语 ·学习者直呼其名的现象较普遍 ·自我介绍环节易出现直呼其名的现象 ·直呼其名的原因为:母语迁移和注意力

【语级语体】

·受原有的认知结构影响,基于迁移的学习

·优先习得消耗认知资源较少的语言形式

图8-2　日语学习者语级语体转换能力发展机制

词句、形容词句等)的影响,学习者经常无意识地使用语体。结果,规范意识上的语体选择标准与语言行为上的实际选择之间,经常出现不一致的现象。

(6)研究启示:①即使身处二语习得环境,如果只依赖于自然环境中的隐性学习,语体的习得效果也是有限的;②须强化学习者的语体意识;③教授语体时,应考虑学习者的母语背景,开展针对性的指导;④母语者对学习者的语体选择,应该持宽容态度。

狭义敬语,整体上使用数量较少,从纵向发展的角度看,学习进度也较慢。学习者优先掌握语法规则和语言处理的复杂度较低的语言形式,如:加上"お""ご""さま""さん"等前缀或后缀就能转化为尊他语的名词性敬语。学习者和母语者在敬语使用上的显著差异表现在:学习者询问对方的情况时,即在听话者指向性较强的疑问句中没有使用敬语。

关西方言,学习者对方言的态度和接受意识不仅因人而异,而且是动态变化的。与操方言者的直接接触或通过互联网的间接接触都可以影响学习者的方言意识。关于方言习得,笔者发现两个倾向:一是随着留学时间的推移,学习者逐渐习得方言形式;二是学习者率先掌握与标准语相对应的语言项目,如"めっちゃ""ほんまに""や""やん"等。

姓名称呼语,汉语和日语的主要区别体现在:汉语直呼其名的场合多,而日语受到各种限制。在对话的自我介绍环节直呼对方姓名,是学习者的共性问题。引起直呼其名的原因有两点:一是受母语规范的影响;二是没把注意力放在语言形式上。

通过对狭义敬语、关西方言和姓名称呼语的探讨,笔者发现语级语体的习得特征为:(1)迁移(transfer)发挥着重要作用。学习者以前掌握的知识、技能、经验(平语、标准语、汉语称呼语)影响新知识、新技能(敬语、方言、日语称呼语)的学习和掌握。迁移可分为:同一语言内部的迁移(敬语、方言)和不同语言之间的迁移(称呼语)。(2)优先掌握消耗认知资源较少的语言形式。狭义敬语中,学习者积极使用由前缀词、后缀词构成的名词性敬语;方言使用中,出现较多与标准语对应的词汇或语法结构。

第二节　从本研究案例中获得的启示

本研究用1年多的时间记述了外语学习环境和二语习得环境中的学习

中国日语学习者语体转换能力发展研究

者如何在会话中选择语体,试图通过话语分析的研究方法,解明中国日语学习者的语体习得机制。分析结果表明:无论是外语学习环境中的学习者,还是二语习得环境中的学习者,单凭教室外的自然习得,语体的习得效果和掌握程度都是有限的。相较于外语学习环境中的学习者,身处二语习得环境中的学习者能接收到更多来自母语者的语言输入,并以各自的方式对这些语言输入进行解释、吸收与内化,不断地调整、重构语体选择规范。学习者的语体习得,既有主观能动性的一面,同时也必须承认其局限性。例如,由于没有充分理解语体所蕴含的社会文化意义,学习者根据交际对象区分使用语体的意识淡薄;又如,潜在性地受到母语文化规约、语言规则的影响。在本调查收集的会话中,类似这样的中介语特征随处可见。

如图8-3所示,本研究从动态视角来定义中介语:它既区别于目标语,又有异于学习者的母语,它是学习者特有的语言体系;它随着时间的推移,不断地朝着目标语方向发展。参照此概念,本调查只持续了1年,所以从上述分析结果直接下结论——仅凭自然习得无法完全获得语体选择能力,是欠妥当的。然而,至少可以这样描述:如果单靠自然习得掌握语体选择能力,需花费较长的时间。

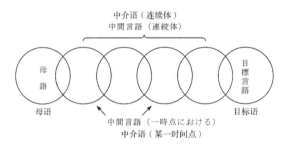

图8-3　中介语的定义

(资料来源:迫田久美子,2002:28)

由此,笔者提倡在课堂教学中积极导入语体教学。首先,应强调语体在交际中发挥的作用、语用功能,提高学习者的语体意识。

其次,可以将现有研究成果应用到日语教学中,如母语者的语体选择标准、语体转换功能,以及学习者的语体选择状况、容易犯的错误等。

另外,针对学习者的母语文化、语言规范隐性地影响着语体选择这一分析结果,教师进行语体指导时有必要将母语因素考虑进去。有学者提出,学习者对待目标语的语言规范和文化规范的情感态度是不一样的:在语言规范方面,他们会积极遵循目标语规范;但是,在文化规范方面,即使他们有相应知识,也会避开目标语规则,采用母语规则(加藤好崇,2002)。因此,涉及文化、语用内容时,教师可以将相关知识传授给学生。例如,什么样的语言形式、语言行为可能会带来什么样的交际效果/后果。但是,最终如何做选择,应当尊重学习者的判断。

最后,本研究再次证明了敬语是日语学习难点之一的观点。母语者和学习者在敬语使用上的最大区别体现在疑问句中是否使用敬语。疑问句,尤其是询问对方情况的疑问句,听者指向性较强,须引导学生注意表敬问题。将"领域"概念(鈴木睦,1997)引入敬语指导,可以说是一个行之有效的方法。具体为:将会话中的话语句分为"听话者领域""说话者领域""中立领域"后,将敬语教学的重点放在包括疑问句在内的"听话者领域"上。

第三节　本研究的不足与展望

本研究是以11名中国日语学习者为调查对象的个案研究,所以,本研究的发现不能代表中国日语学习者的语体习得规律与机制。今后需扩充数据,通过量化研究等方法对已得结果进行进一步的验证。

本研究从二语习得的视角,重点探讨了学习者的语体选择情况。研究过程中笔者发现:跨文化交际场景中的母语者,不仅激活母语交际规范,可能还会生成跨文化交际规范(フェアブラザー,2000)。因此,今后需进一步关注同一个会话中的学习者和母语者,从协商互动的视角考察跨文化交际场景中的语体选择。

本研究主要分析了初次见面对话中的语体选择情况,而这只是语体研究领域的极小一部分。探讨其他更多交际场景中的语体选择,也是今后的重要课题之一。例如,考察职场中的语体操作,就具有重要的现实意义。

拙论尚存很多不足,若对促进变异研究、语体研究、会话指导及中日两国间的相互理解有所助益,笔者将深感荣幸。

参考文献

卢万才. 汉日称呼语礼貌功能对比[J]. 东北亚外语研究,2013(2):52-57.

孟庆利. 影视教学法在初级阶段日语语体教学中的必要性与可行性研究[J]. 电化教育研究,2015(1):110-114.

田鸿儒. 从初次见面对话看日语学习者的语体选择[J]. 日语学习与研究,2023(2):82-91.

卫志强. 称呼的类型及其语用特点[J]. 世界汉语教学,1994(2):10-15.

毋育新. 将礼貌策略理论引入待遇表现教学的实证研究[J]. 日语学习与研究,2011(4):111-119.

毋育新. 日语敬语的有标记性与无标记性研究——以语体转换为对象[J]. 东北亚外语研究,2013(1):32-37.

毋育新. 话语礼貌理论指导下的日语语体转换教学研究[J]. 跨语言文化研究,2018:34-54.

徐锦芬,舒静. 我国大学英语课堂同伴协商互动实证研究[J]. 外语教学与研究,2020(6):868-879,959-960.

杨连瑞,张德禄,等. 二语习得研究与中国外语教学[M]. 上海:上海外语教育出版社,2007.

足立さゆり. 日本語の会話におけるスピーチ・レベル・シフト[J]. 拓殖大学日本語紀要,1995,5:73-87.

生田少子・井出祥子. 社会言語学における談話研究[J]. 月刊言語,1983,12:77-84.

石崎晶子. ある自然習得者の1日の発話におけるスピーチレベルシフト—韓国語を母語とする上級学習者の発話資料を基に—[C]//長友和彦. 第二言語としての日本語の自然習得の可能性と限界. 東京:科学研

究費補助金萌芽研究研究成果報告書,2002:134-147.

伊集院郁子. 母語話者による場面に応じたスピーチスタイルの使い分け―母語場面と接触場面の相違―[J]. 社会言語科学,2004,6:12-26.

井出祥子. わきまえの語用論[M]. 東京:大修館書店,2006.

井出祥子・彭国躍. 敬語表現のタイポロジー[J]. 月刊言語,1994,23:43-50.

李吉鎔. 韓国語母語話者のスタイル切換え[J]. 阪大社会言語学研究ノート,2002,4:73-93.

李吉鎔. フォーマルな談話での非デスマス形式の切換え―日本語母語話者と中間言語話者の比較―[J]. 阪大社会言語学研究ノート,2003,5:79-96.

李吉鎔. 中間言語話者の原因・理由を表す表現の切換え―切換えと表現形式の習得をめぐって―[J]. 阪大社会言語学研究ノート,2004,6:121-138.

李吉鎔. 日本語学習者におけるスタイル切換え能力の発達―韓国語母語話者を対象として―[D]. 大阪:大阪大学博士論文,2005.

上仲淳. 中上級日本語学習者の会話にみられるスピーチレベルの選択およびそのシフト[D].兵庫:姫路獨協大学修士論文,1996.

上仲淳. 中上級日本語学習者の選択するスピーチレベルおよびレベルシフト―日本語母語話者との比較考察―[M]//日本語教育論文集小出詞子先生退職記念編集委員会. 日本語教育論文集―小出詞子先生退職記念―. 東京:凡人社,1997:149-165.

上仲淳. 日本語非母語話者に特有のスピーチレベルのシフト要因―中国語を母語とする上級日本語学習者の接触場面から―[C]. 東京:社会言語科学会第16回大会予稿集,2005:160-163.

上仲淳. 中国語を母語とする上級日本語学習者のスピーチレベルとシフトに関する研究[D]. 大阪:大阪大学博士論文,2007.

宇佐美まゆみ. 談話レベルから見た敬語使用―スピーチレベルシフト生起の条件と機能―[J]. 学苑,1995,662:27-42.

宇佐美まゆみ. 談話のポライトネス―ポライトネスの談話理論構想―[C]//国立国語研究所. 談話のポライトネス. 東京:第7回国立国語研究所国際シンポジウム報告書,2001:9-58.

宇佐美まゆみ．基本的文字化の原則(BTSJ)2019年改訂版[M]//宇佐美まゆみ．自然会話分析への語用論的アプローチ―BTSJコーパスを利用して―．東京：ひつじ書房，2020：17-42．

大塚容子．初対面の3人会話における文体シフトの効果―「ディスコース・ポライトネス」の観点から―[J]．岐阜聖徳学園大学紀要，2013，52：17-27．

尾崎明人．接触場面の訂正ストラテジ―「聞き返し」の発話交換をめぐって―[J]．日本語教育，1993，81：19-30．

加藤好崇．個人教授場面における教師と学習者のインターアクション―誤用調整の分析―[J]．JALT日本語教育論集，2002，6：89-97．

蒲谷宏．なぜ敬語は三分類では不十分なのか[J]．文学，2008，9(6)：24-31．

黄鎮杰．在日韓国人の敬語運用の一斑―日本語と韓国語の待遇規範意識のはざまで―[J]．阪大日本語研究，1996，8：45-55．

国際交流基金．2021年度 海外日本語教育機関調査[EB/OL]．(2023-03-31)[2024-12-24]．https://www.jpf.go.jp/j/project/japanese/survey/result/survey21.html．

呉承嬅．大阪のイメージ調査[C]．沖縄：日本語・日本文化研修留学生修了レポート集，2002．

小林隆．方言語彙・表現法の現在[M]//真田信治．展望 現代の方言．東京：白帝社，1999．

小林隆．繋ぐことばから閉じることばへ[J]．月刊言語，2003，32(3)：60-67．

迫田久美子．日本語教育に生かす第二言語習得研究[M]．東京：アルク，2002．

佐藤勢紀子．日本語の談話におけるスピーチレベルシフトの機構[R]//東京：平成10年度〜11年度科学研究費補助金基盤研究(C)(2)研究成果報告書，2000．

真田信治．展望 現代の方言[M]．東京：白帝社，1999．

渋谷勝己．社会言語学的にみた日本語学習者の方言能力[J]．日本語教育，1992，76：31-41．

渋谷勝己．プロジェクトの概要[J]．阪大社会言語学研究ノート，2002，4：

1-10.

渋谷勝己. なぜいま日本語バリエーションか[J]. 日本語教育, 2007, 134 :
　　6-17.

陣内正敬. 談話における敬意表現の社会的多様性—「道教え談話」に見ら
　　れる年齢差・地域差—[C]//国立国語研究所. 談話のポライトネス. 東
　　京:国立国語研究所, 2001:123-129.

杉村孝夫. 福岡都市圏における関西方言の受容実態[M]//陣内正敬・友
　　定賢治. 関西方言の広がりとコミュニケーションの行方. 東京:和泉書
　　院, 2005:69-85.

鈴木睦. 日本語教育における丁寧体世界と普通体世界[M]//田窪行則.
　　視点と言語行動. 東京:くろしお出版, 1997:45-76.

高木佐知子. 文脈化の手がかり[M]//林宅男. 談話分析のアプローチ—
　　理論と実践—. 東京:研究社, 2008:226-229.

高木千恵. 高知県幡多方言話者のスタイル切換え[J]. 阪大社会言語学研
　　究ノート, 2002, 4:55-72.

高橋太郎. 省略によってできた述語形式[J]. 日本語学, 1993, 12:18-26.

陳文敏. 同年代の初対面同士の会話に見られるスピーチレベル・シフト
　　—日本語母語話者と台湾人上級日本語学習者の比較—[D]. 名古屋:名
　　古屋大学博士論文, 2004.

辻村敏樹. 敬語の分類について[J]. 国文学言語と文芸, 1963, 5(2):8-13.

辻村敏樹. 待遇表現(特に敬語)と日本語教育[J]. 日本語教育, 1989, 69 :
　　1-10.

寺尾綾. 文末形式の運用とスタイル切り換え—日本語を学ぶ中国語母語
　　話者の縦断データから—[J]. 阪大日本語研究, 2010, 22:113-142.

田鴻儒. 中国における上級日本語学習者のスピーチレベル管理[D]. 大
　　阪:大阪大学修士論文, 2007.

田鴻儒. 中国における上級日本語学習者のスピーチレベルの使い分け—
　　初対面会話相手の年齢に応じて—[J]. 大阪大学言語文化学, 2009, 18:
　　169-181.

田鴻儒. 中国語を母語とする日本語学習者の「同等」の相手に対するス
　　ピーチスタイルの選択[J]. 大阪大学言語文化学, 2011, 20:89-101.

田鴻儒. 初対面会話の自己紹介における普通体発話に関する一考察—中

国人日本語学習者を対象として―[J]. 比較文化研究, 2016, 122:93-102.

時枝城記. 国語学原論―言語過程説の成立とその展開―[M]. 東京:岩波書店, 1941.

友定賢治・陣内正敬. 関西方言・関西的コミュニケーションの広がりが意味するもの―全国6都市調査から―[J]. 社会言語科学, 2004, 7(1):84-91.

ナカミズ, エレン. 日本在住ブラジル人労働者における社会的ネットワークと日本語の使用[J]. 阪大日本語研究, 1996, 8:57-71.

永見昌紀. タイ語母語話者のスタイル切換え[J]. 阪大社会言語学研究ノート, 2003, 5:28-41.

日本語 OPI 研究会. OPIとは?[EB/OL]. (2022-05-26)[2024-12-25]. https://www.opi.jp.

ネウストプニー, J. V. 外国人とのコミュニケーション[M]. 東京:岩波書店, 1982.

ネウストプニー, J. V. 新しい日本語教育のために[M]. 東京:大修館書店, 1995.

橋本永貢子・三井栄. 日中の待遇表現に関わるものさしについて―アンケート調査の統計的分析から―[R]. 岐阜大学地域科学部研究報告, 2007, 21:99-110.

橋本貴子. 英語母語話者のスタイル切換え[J]. 阪大社会言語学研究ノート, 2002, 4:94-113.

橋本貴子. 中間言語における接続詞と接続助詞の切換え―ある英語母語話者を例に―[J]. 阪大社会言語学研究ノート, 2004, 6:139-155.

服部圭子. コードスイッチング[M]//林宅男. 談話分析のアプローチ―理論と実践―. 東京:研究社, 2008:230-232.

樋口斉子. 初対面会話での話題の展開[R]//西郡仁朗. 日本人の談話行動のスクリプト・ストラテジーの研究とマルチメディア教材の試作. 東京:平成7年度～8年度科学研究費補助金基盤研究(C)(2)研究成果報告書, 1996:75-110.

樋下綾. 中国語母語話者のスタイル切換え[J]. 阪大社会言語学研究ノート. 2002, 4:114-130.

文化庁. 敬語の指針(答申)[EB/OL]. (2007-02-02)[2025-05-17]. https:

//www.bunka.go.jp/seisaku/bunkashingikai/sokai/sokai_6/index.html.

フェアブラザー,リサ.言語管理モデルからインターアクション管理モデルへ[R]//村岡英裕.接触場面の言語管理研究.千葉:千葉大学社会文化科学研究科研究プロジェクト報告書,2000:55-65.

彭国躍.中国語に敬語が少ないのはなぜ?[J].月刊言語,1999,28(11):60-63.

彭国躍.近代中国語の敬語システム―「陰陽」文化認知モデル―[M].東京:白帝社,2000.

前田理佳子.在日コリアン一世の談話におけるスタイル切り替え―スピーチレベルシフトの様式に着目して―[J].待兼山論叢,1999,33:33-48.

牧野成一.ACTFLの外国語能力基準およびそれに基づく会話能力テストの理念と問題[J].世界の日本語教育,1991,1:15-32.

松丸真大・辻加代子.東京下町方言話者のスタイル切換え[J].阪大社会言語学研究ノート,2002,4:33-54.

松村明.日本文法大辞典[M].東京:明治書院,1971.

松村瑞子・因京子.日本語談話におけるスタイル交替の実態とその効果[J].言語科学,1998,33:109-118.

水野マリ子.敬意の表現の行方―「同志」は今？―[J].日本語学,1998,17(9):54-59.

三牧陽子.待遇レベル・シフトの談話分析[J].AKP紀要,1989,3:34-50.

三牧陽子.談話の展開標識としての待遇レベル・シフト[J].大阪教育大学紀要,1993,42(1):39-51.

三牧陽子.待遇レベルの表示法をめぐって[J].視聴覚教材と言語教育,1994(7):49-56.

三牧陽子.待遇レベル・シフト[M]//上田功,砂川有里子,高見健一,等.言語探究の領域―小泉保博士古希記念論文集―.東京:大学書林,1996:437-445.

三牧陽子.対談におけるFTA補償ストラテジー―待遇レベル・シフトを中心に―[J].多文化社会と留学生交流,1997,1:59-78.

三牧陽子.丁寧体基調の談話にみる独話的発話・直接引用・心情の直接表出―「働きかけ方式」のポライトネス・ストラテジーとして―[J].多

文化社会と留学生交流,2000(4):37-53.

三牧陽子. 対話における待遇レベル管理の実証的研究[R]. 東京:平成9
年度～12年度科学研究費補助金研究報告書,2001.

三牧陽子. 待遇レベル管理からみた日本語母語話者間のポライトネス表
示—初対面会話における「社会的規範」と「個人のストラテジー」を中心
に—[J]. 社会言語科学,2002,5:56-74.

三牧陽子. 文体差と日本語教育[J]. 日本語教育,2007,134:58—67.

三牧陽子. ポライトネスの談話分析—初対面コミュニケーションの姿と
しくみ—[M]. 東京:くろしお出版,2013.

宮岡弥生・玉岡賀津雄. 上級レベルの中国語系日本語学習者と韓国語系
日本語学習者の敬語習得の比較[J]. 読書科学,2002,46(2):63-71.

宮岡弥生・玉岡賀津雄・毋育新. 中国語を母語とする日本語学習者の文
法知識が敬語習得に及ぼす影響[J]. 広島経済大学研究論集,2004,27
(2):35-46.

三宅直子. 大阪における方言意識[R]//陣内正敬. コミュニケーション
の地域性と関西方言の影響力についての広域的研究. 東京:科学研究費
補助金基盤研究(B)(1)研究成果報告書,2003:1-10.

宮田剛章. 中国人学習者が構築した敬語動詞の中間言語—文法性判断テ
ストと確率モデルを用いて—[J]. 計量国語学,2004,24(4):171-197.

宮田剛章. 中国人・韓国人学習者と日本語母語話者に見られる敬語動詞
の誤用訂正能力[J]. Journal CAJLE,2005(7):59-74.

森山新. 認知と第二言語習得[M]. 東京:図書出版啓明,2000.

義永美央子. 相互行為のリソースとしての修復—日本語母語話者と非母
語話者の接触場面における会話の分析から—[D]. 大阪:大阪大学博士
論文,2002.

林君玲. 台湾人学習者の初対面日本語会話におけるスピーチレベルの使
用実態[C]//宇佐美まゆみ. 自然会話分析と会話教育—統合的モ
ジュール作成への模索—. 東京:東京外国語大学院,2005:261-280.

エリス,ロッド. 第二言語習得序説—学習者言語の研究—[M]. 金子朝
子,訳. 東京:研究社,1996.

Beebe, L. M. & Giles, H. Speech-accommodation theorie: A discussion in
terms of second-language acquisition. *International Journal of the Sociology*

of Language, 1984(46): 5-32.

Bell, A. Language style as audience design[J]. *Language in Society*, 1984, 13(2): 145-204.

Brown, P. & Levinson, S. *Politeness: Some Universals in Language Usage* [M]. Cambridge: Cambridge University Press, 1987.

Canale, M. & Swain, M. Theoretical bases of communicative approaches of second language teaching and testing [J]. *Applied Linguistics*, 1980, 1 (1):1-47.

Dickerson, L. The learner's interlanguage as a system of variable rules [J]. *TESOL Quarterly*, 1975, 9(4): 401-407.

Ellis, R. Interlanguage variability in narrative discourse: Style shifting in the use of the past tense [J]. *Studies in Second Language Acquisition*, 1987, 9(1):1-20.

Fishman, J. A. The relationship between micro- and macro-sociolinguistics in the study of who speaks what language to whom and when[M]// Pride, J. B. & Holmes, J. (eds.). *Sociolinguistics: Selected Readings.* Harmondsworth: Penguin Books, 1972: 15-32.

Gumperz, J. J. Discourse strategies [M]. Cambridge: Cambridge University Press, 1982.

Hatch, E. Second language learning—Universals? [J]. *Working Papers on Bilingualism*,1974,3:1-17.

Ikuta, S. Speech level shift and conversational strategy in Japanese discourse [J]. *Language Sciences*,1983,5(1):37-53.

Kasper, G. & Rose, K. R. Pragmatics in language teaching [M]// Rose, K. R. & Kasper, G. *Pragmatics in Language Teaching.* Cambridge: Cambridge University Press,2001:1-9.

Krashen, S. D. *Principles and Practice in Second Language Acquisition* [M]. Oxford: Pergamon Press,1982.

Labov, W. *The Social Stratification of English in New York City* [M]. Washington, D. C.: Center for Applied Linguistics,1966.

Labov, W. Contraction, deletion, and inherent variability of the English copula [J]. *Language*, 1969,45(4):715-762.

Labov, W. The study of language in its social context [J]. *Studium Generale*, 1970, 23: 30-87.

Labov, W. *Sociolinguistic Patterns* [M]. Philadelphia: University of Pennsylvania Press, 1972.

Lee, W. Thoughts on contrastive linguistics in the context of language teaching [M]//Alatis, J. *Contrastive Linguistics and Its Pedagogical Implications*. Washington, D. C.: Georgetown University Press, 1968: 185-194.

Lyster, R. & Ranta, L. Corrective feedback and learner uptake: Negotiation of form in communicative classrooms [J]. *Studies in Second Language Acquisition*, 1997, 20(1):37-66.

Malinowski, B. The problem of meaning in primitive languages [M]// Ogden, C. K. & Richards, I. A. (eds.). *The Meaning of Meaning: A Study of the Influence of Language upon Thought and of the Science of Symbolism.* London: Kegan Paul and Co., Ltd, 1923:296-336.

Matsuda, K. Dissecting analogical leveling quantitatively: The case of the innovative potential suffix in Tokyo Japanese [J]. *Language Variation and Change*, 1993, 5(1): 1-34.

Ochs, E. Planned and unplanned discourse[M]//Givón, T. (ed.). *Syntax and Semantics: Vol. 12: Discourse and Semantics.* New York: Academic Press, 1979: 51-80.

Selinker, L. Interlanguage [J]. *IRAL: International Review of Applied Linguistics in Language Teaching*, 1972, 10: 209-232.

Thakerar, J. N., Giles, H. & Cheshire, J. Psychological and linguistic parameters of speech accommodation theory [M]// Fraser, C. & Scherer, K. R. *Advances in the Social Psychology of Language.* Cambridge: Cambridge University Press, 1982: 205-255.

Varonis, E. & Gass, S. Non-native/non-native conversations: A model for negotiation of meaning [J]. *Applied Linguistics*, 1985, 6(1): 71-90.

Whyte, S. Specialist knowledge and interlanguage development: A discourse domain approach to text construction. *Studies in Second Language Acquisition*, 1995, 17(2): 153-183.

Wolfram, W. Systematic variability in second-language tense marking
[M]// Eisenstein, M. R. (ed.). *The Dynamic Interlanguage*: *Empirical
Studies in Second Language Variation*. New York: Springer, 1989:
150-172.

Wray, A. *Formulaic Language and the Lexicon* [M]. Cambridge: Cambridge
University Press, 2002.